ちくま新書

格差社会を生き抜く読書

佐藤 優
Satoh Masaru
池上和子
Ikegami Kazuko

1333-5

まえがき

資本主義には格差を拡大していく傾向がある。ソ連を中心とする社会主義体制が存在した時代は、日本を含む先進資本主義国においては、社会主義革命を阻止することが至上命題だった。そのため、国家が経済過程に介入し、資本に譲歩をさせ、労働条件を改善した。日本の租税負担が比較的低かったにもかかわらず、医療や年金においてはヨーロッパ並みの福祉が担保される「低負担・中福祉」が維持されたのは、企業が福祉機能を担っていたからだ。また、高度成長を背景に政府が再分配を行う日本型社会民主主義が展開されていた。しかし、1989年11月に「ベルリンの壁」が崩壊し、中東欧諸国が共産圏から離脱し、1991年12月にはソ連が崩壊した。ソ連崩壊過程で、現実に存在した社会主義国家は、国民の自由が抑圧され、民主主義が形骸化していただけでなく、資本主義を超克するはずの社会主義経済の実態は、石油や天然ガスなどの地下資源を切り売りして、資本主義国から購入するという脆弱な性格を帯びていたことが明らかになった。社会主義に魅力を感じる人々は激減した。

しかし、そのことは資本主義の構造的問題が解決されたことを意味するものではない。真理は具体的であるので、日本の格差問題を実証的に研究している橋本健二・早稲田大学人間科学学術院教授の『新・日本の階級社会』（講談社現代新書 2018）の分析を紹介したい。橋本氏は、現下日本の階級を、資本家階級、新中間階級、正規労働者、旧中間階級、アンダークラス（パート主婦を除く非正規労働者）の5つに分ける。

橋本氏の分析で興味深いのはアンダークラスというカテゴリーを設けたことだ。この人々の状況はとても厳しい。アンダークラスに属する人々は929万人もいて、就業人口の14・9％を占める。

企業規模は、正規労働者と同じく幅広く分布している。職種は、男性ではマニュアル職が五七・九％と約六割を占め、残りはサービスと販売が多い。女性では事務、販売、サービス、マニュアルがほぼ四分の一ずつである。より詳しく職種をみるため、二〇一五年のSSM調査（引用者注＊「社会階層と社会移動全国調査」）データで一〇人以上になる職種を列挙すると、販売店員（四七人）、総務・企画事務員（二〇人）、料理人（一八人）、給仕係（一八人）、清掃員（一五人）、スーパー等のレジスター係・キャッシャー（一三人）、倉庫夫・仲仕（一二人）、営業・販売事務員（一一人）、介護員・ヘルパー（一一人）、その他の労務作業者（一〇人）の一〇職種だった。販売店員と非正規の事務職に加えて、ビジネスや人々の生活を下支えする、さまざまなサービス職とマニュアル職が含まれていることがわかる。（前掲書　90ページ）

現下の日本経済は、アンダークラスに属する人々に依存せずには成り立たないのである。労働条件も待遇も、悲惨な状況に置かれている。

平均個人年収は、一八六万円と極端に低い。平均世帯年収は三四三万円だが、これは同居家族のいる一部の中所得世帯によって引き上げられた平均値であり、六三・八％は三五〇万円未満、さらに二四・一％は二〇〇万円未満である。このため貧困率は極端に高く、三八・七％に上っており、とくに女性では四八・五％にも達し、さらに夫

と離死別した女性となると六三・二%である。（前掲書　90〜91ページ）

シングルの女性は日本社会でとても厳しい現実にさらされている。シングルの女性に子どもがいる場合、母子ともに貧困状態に陥る。

資産についても、アンダークラスの人々は、他の階級に属する人々と較べ、かなり低い。平均資産総額は一一一九万円だが、やはりこれも持ち家による部分が大きく、持ち家のない人ではわずか三一五万円である。また資産がまったくない人の比率が三一・五%に上っているのも特徴となっている。（前掲書　91ページ）

持ち家を持っている人も、年金生活の親と同居している場合がほとんどと思う。また、親が死ぬと年金収入がなくなり、固定資産税や水道光熱費を自分で支払わなくてはならなくなる。また、病気をした場合には、医療費を負担しなくてはならない。その経済力がないアンダークラスの人々がホームレスに転落する可能性がある。

アンダークラスの経済状態では、結婚して子どもを育てることが難しい。そのことが数字にも表れている。

何よりもきわだった特徴は、男性で有配偶者が少なく、女性で離死別者が多いことである。男性の有配偶者はわずか二五・七%で、未婚者が六六・四%に上っている。アンダークラスの男性が結婚して家族を形成することが、いかに困難であるかがよくわかる。女性の場合、既婚者は定義の上でパート主婦に含まれるため、すべてが無配偶者だが、このうち離死別者の比率は年齢とともに上がり、二〇歳代が一一・五%、三〇歳代が三七・五%、四〇歳代が六〇・九%、五〇歳代では八〇・〇%である。未婚のままアンダークラスであり続けてきた女性がかなりの数いる一方、既婚女性が夫との離死別を経てアンダークラスに流入してくるようすがうかがえる。

（前掲書　91ページ）

また、アンダークラスに属する女性が出産しても、経済的理由によって、子育てに支障を来すようになる。

アンダークラスに属する人々は今後増えると見られている。

総合研究開発機構（NIRA）は、次のような試算を行っている。若者の非正規労働者が激増しはじめたのは、いわゆる「就職氷河期」と呼ばれた時代である。この時期に社会に出た若者たちの一部が、そのまま非正規労働者にとどまり、今日のように巨大なアンダークラスが形成されたのだった。／NIRAは、この世代が老後に生活保護を受けるようになった場合に、必要になる追加の費用を推計した。これによると、就職氷河期の到来は、二〇〇二年までに非正規雇用者と無業者を一九一・七万人増加させたが、このうち七七・四万人が六五歳になった時点で生活保護の対象となる。彼ら・彼女らが残りの生涯にわたって生活保護を受け続けたとすると、その費用は一七・七兆円から一九・三兆円になるという。（前掲書　265ページ）

アンダークラスを減らすための手を打たないと社会に壊滅的打撃を与える。社会を富裕層、中間層、貧困層に3分割すると、富裕層の一部はますます富んで超富裕層となり、中間層は没落して、貧困層に接近していく。この傾向に歯止めをかけるのは難しい。そのような状況で、貧困化のしわ寄せが及んでいるのが、シングルマザーや貧困層の子どもだ。日本の社会を強化するためには、構造的に弱い立場に置かれた人たちを放置せずに、支援することが重要だ。子どもは親を選ぶことができない。客観的に見て、親が子どもを育てることができない場合には、社会が手をさしのべる必要がある。

このような問題意識に基づいて、私は、子どもの貧困、児童福祉に詳しい池上和子先生と2015年から十数回にわたって率直な意見交換を行なった。本書はそれを基につくられた。池上先生の案内で、乳児院、女子少年院などを訪れ、専門家と意見交換したことからも啓発された。福祉や少年保護の現場にいる人々の話を聞くと、いつも私の頭に思い浮かんだのは使徒パウロの以下の言葉だ。

わたしは、他人の金銀や衣服をむさぼったことはありません。ご存じのとおり、わたしはこの手で、わたし自身の生活のためにも、共にいた人々のためにも働いたのです。あなたがたもこのように働いて弱い者を助けるように、また、主イエス御自身が「受けるよりは与える方が幸いである」と言われた言葉を思い出すようにと、わたしはいつも身をもって示してきました。

（新約聖書「使徒言行録」20章33〜35節）

「受けるよりも与える方が幸いである」という原則に基づいて、貧困、そしてそこから生じるさまざまな社会問題と取り組んでいる人々を私も微力ながら応援していきたい。今、われわれの目の前にある貧困から眼をそむけずに、ささやかなことでもよいので、具体的に行動することが求められている。

本書を上梓するにあたっては、筑摩書房第一編集室部長の永田士郎氏にたいへんにお世話になりました。どうもありがとうございます。

2018年9月19日

佐藤 優

格差社会を生き抜く読書【目次】

第1章 不平等は何をもたらしたか

†現代によみがえる『貧乏物語』

佐藤　近年、日本においても、「貧困」が身近な問題となっています。1980年代に高い人気を誇った「オレたちひょうきん族」というテレビ番組では、明石家さんまらが「貧乏」という言葉を流行させました。持ち物、服装、人間関係など、生活様式やふるまいにおけるわずかな差異を「金持ち」と「貧乏人」に類型化し、「貧乏人」を嘲笑することで、お茶の間の笑いを誘っていました。バブル期初頭の日本では、テレビ番組で「貧乏」をネタにすることが可能だったのです。裏返せば、日本社会のなかの経済格差がそれほど問題視されておらず、日本が均質な中流社会であることを多くの人が信じて疑わなかったことを示しています。

ところが、いまのテレビ番組で、「あなたの服装は貧乏くさいね」「その行動は貧乏人のようだね」と芸人が突っ込むことは考えられません。80年代とは異なり、格差を笑いの種にすることはタブー視されています。「貧乏」をネタにすることがはばかられ、「貧乏」で笑いをとることは倫理的に正しくないと考えられています。

こうした状況変化が示唆することは、この30年のあいだに日本社会のあり方が大きく変質し、現代においては「貧困」「格差」「不平等」などが切実な問題として世間に受け止められるようになったことだと思います。

池上　そうですね。日本の社会のあり方の変質とともに、こうした言葉の受け止め方がデリケートかつ本質に迫るようになりました。

佐藤　私は、2016年に『現代語訳　貧乏物語』（河上肇著、講談社現代新書）という新書を上梓しました。河上肇は、最終的にマルクス主義経済学へ拠り所を見出していく過程で、1916年から『大阪朝日新聞』に「貧乏物語」を連載します。この連載をまとめた書物が1917年に刊行されると大きな反響を呼び、大ベストセラーになりました。当時、文庫版の刷り部数は40万部を超えたともいわれています。

『貧乏物語』を現代語訳するという企画を、私は数年間にわたってあたためため、発売のタイミングをうかがっていました。というのも、表題にある「貧乏」というワーディングが強すぎるため、不平等という課題が社会のなかで切実さをともなって共有されていない状況で出版しても、読者の共感を呼ぶことは難しいだろうと考えたからです。

しかし、2016年の時代状況においては、貧困、不平等、教育格差、限界集落、移民などの社会問題が復活していました。正規社員の平均年収が478万円であるのに対し、非正規社員は170万円となっています。これでは所帯をもち、家族を養うことは難しい。河上は、20世紀初頭に日本で資本主義によって階層格差が深刻な問題となりつつある時代状況のなかで貧困に向き合いましたが、現在の日本資本主義体制にも深刻な危機が訪れています。『貧乏物語』刊行から100年を経て、構造的な不平等の問題を改善することが求められるようになっています。

†河上肇がみた階級社会

佐藤　河上肇は1879（明治12）年、山口県玖珂郡錦見村（現在の岩国市）にて旧岩国藩士の家に生まれます。山口高等学校文科を卒業し、東京帝国大学法科大学政治学科に入学。キリスト教や仏教に強い影響を受けました。卒業後は、大学で教鞭を執りながら、読売新聞に経済記事を寄稿しています。1908（明治41）年、京都帝国大学初代経済学部長となった田島錦治に招かれて京都帝大の講師となり経済史学を受け持ちます。

経済史研究における河上の主眼は、経済の本質をみきわめる点にありました。大学の講義では人類の起源にまでさかのぼり、人類と動物をわかつものは何なのかに思索をめぐらせ、人間固有の経済的な特質として河上が認めたのが、生産面における道具の製造と、消費における火の使用という点に落着します。

池上　若い頃の河上は、人類学的な視点をもち、新旧の学説を接合しつつ研究を深めていたのですね。

佐藤　そうです。1913（大正2）年、文部省より辞令をうけた河上は約1年半ほどヨーロッパへ留学し、パリ、ベルリン、ロンドンなどに滞在しています。ベルリン滞在中に、サラエヴォ事件をきっかけに第一次世界大戦が勃発（1914年）。ドイツ全土がなだれをうって戦時体制へと突入し、国民が戦争へ動員されていく状況を『大阪朝日新聞』に書き送っています。

その後、イギリスへ避難した河上は、ロンドンにしばし身を置いた後に、イギリスの片田舎に腰を据えます。そこで河上の関心を引いたのは、地主による搾取と極端な貧富の格差でした。

†『貧乏物語』の魅力はどこにあるのか？

佐藤　『貧乏物語』には、このヨーロッパ留学で得た知見が盛り込まれています。とりわけドイツの戦時経済体制とイギリスにおける貧富の格差に対する観察をもとに執筆されました。

『貧乏物語』の構成は大きく3つに分かれています。その意図をざっくり整理すると、

上編：イギリスなどの先進国に多くの貧乏人がいることを指摘。

中編：貧富の差が存在する理由を分析。その原因が、生産力の分配にあることを指摘。本来は生活必需品に向けられるべき生産力が、富裕層のための「贅沢品」の生産に向けられている経済組織にこそ難点があることを述べる。

下編：こうした見立てにもとづいて、貧乏根絶の3つの処方箋を提示。①「贅沢品」の抑制、②所得分配による貧富格差の解消、③経済体制の改造（すなわち、産業の国有化）。

河上は、それまでの経済学がおろそかにしていた「分配」の問題を俎上にのせました。河上が言う「分配」は、マルクスが『資本論』で展開する資本家と地主間、資本家間の「利潤の分配」とはまったく異なる概念です。河上によれば、どのような商品をどれくらい生産するかという分配（生産の分配）と、生産された商品を人びとにどのようにわける

かという分配（生産物の分配）とは異なる、というわけです。分配というと、つい後者を考えてしまいがちですが、河上は次のように述べます。

いまの社会の多くの人びとが、じゅうぶんに生活必需品を得ることができなくて困っているのは、品物はたくさんあるが分配の仕方が悪いからではなく、もともと生活必需品がじゅうぶんに生産されていないからなのです。（前掲書　117ページ）

この「生産の分配」にこだわったところが、『貧乏物語』の特徴です。『貧乏物語』の後、河上はマルクス経済学へ研究の軸足をうつしていき、マルクス経済学者として有名になりました。しかし、『貧乏物語』以後の河上は、共産党に引き寄せられ、他の戦前の知識人と同じように、自分の頭で考えることを放棄した側面もあるように思えてなりません。

若き日の河上は、新旧の学説を接合しつつ、その時代が直面する社会問題へ愚直かつ誠実にとり組みました。『貧乏物語』にはそのエッセンスが横溢しており、当時日本が直面した「不平等」という課題に対する鋭い洞察を読み取ることができます。彼の助走期ともいうべき時代に書かれた著作である『貧乏物語』こそが、スターリン主義（ソ連型共産主義）から距離をとった河上肇の原型のように思えます。

†貧困とは何だろうか？

池上 貧困を論じるときに重要なのは、「貧困」という語が何を意味するのかを考えることではないでしょうか。というのも、貧困の意味は社会や時代によって大きく異なることがありえるからです。たとえば、先進国・日本における貧困と、1日あたりの所得が2ドル未満のアフリカ諸国における貧困は、その意味するところが質的に異なります。この二つの貧困を同じ基準で考えることは問題があり、事実をゆがめることにつながると考えられます。

佐藤 まず「貧困とは何か」という問いを突き詰めることが大切だというわけですね。つまり、貧困をどのように「定義」するべきか、このことについて考えを深める必要がある、と。

池上 おっしゃるとおりですね。貧困は社会のなかで生みだされるものですから、その社会がもつ歴史や文化から切り離して考えることはできません。背後にある社会に目を凝らし、その構造のなかで貧困をとらえなければなりません。杓子定規に貧困を論じ、単一の考え方を当てはめることは危険ですらあると考えます。

佐藤　私もそう考えます。昨今、日本の書店には貧困をテーマとする多くの書物が並んでいます。しかし、その多くが覗き見趣味的で、上から目線の好奇心から貧困を取り扱ったもの、あるいはエピゴーネン（独創性のない模倣者・追随者）的なものです。残念ながら、貧困問題の考え方をきちんと整理し、この問題に対するアプローチをわかりやすく解説した本が少ないように思います。

資本主義社会のマスメディアは基本的に情報を消費していく。だから、資本主義社会では消費されない本は意味がないとみなされる。他方、消費だけを目的としてつくっている本は、覗き見をする。あるいは、読者が自分と比較して「私はこんな状況じゃなくてよかった。ラッキーだった」と再確認し安心するような内容になる。

池上　そうですね。なかには、阿部彩さんが書かれた『子どもの貧困』（岩波新書　2008）などの良書もありますが、このテーマについての出版物はさまざまであり、問題意識の深さや視点の立て方など、読み手自身の受け止め方も問われるところがありますね。

阿部彩『子どもの貧困』は、先行研究の知見が手堅くまとめられ、そのうえでご自身の研究成果を加えています。続編にあたる『子どもの貧困Ⅱ』（岩波新書　2014）は、現実的な対策（政策提言）を論じています。現物主義なのか現金主義なのか、普遍主義なのか選別主義なのかなど、社会保障政策におけるさまざまな考え方を対立軸を示しながら紹介しています。

ただ、いずれも内容が専門的で、議論の水準が高い。著者が念頭においている読者は研究者か、あるいは官僚や行政に携わる人たちが中心かもしれません。大学のゼミなどで教科書として採りあげるにはちょうどいい内容です。しかしながら、一般の読者がこの2冊の内容を理解し、問題意識を深めるにはちょっと骨が折れるかもしれません。

同じく新書として貧困を扱った本としては、山野良一『子どもの最貧国・日本』『子どもに貧困を押しつける国・日本』（光文社新書　それぞれ2008、2014）などがあります。この2冊は、イデオロギー的側面を出しつつも、社会に警告を発し問題提起を試みることに主眼がおかれています。

†『シリーズ貧困を考える』――絶対的貧困と相対的貧困

佐藤　議論のバランスの良さという点では、『シリーズ貧困を考える』（池上彰監修、稲葉茂勝著、ミネルヴァ書房　2017）は出色の出来だと思います。貧困の定義について読者の理解を深めることを出発点としていて、小学生でも理解できるように貧困問題をわかりやすく整理することに成功しています。

池上　この本はぜんぶで3巻から構成されています。第1巻が『世界の貧困・日本の貧困』、第2巻が『昔の貧困・今の貧困』、第3巻が『子どもの貧困・大人の貧困』となっていて、いずれの巻も定量的なデータをもりこみつつ、先行研究をふまえながら、問題の所在を簡潔に整理した良書です。小学生が手にしても理解できるように内容がわかりやすく、かつ洗練されています。たとえ大学生であっても、初学者にはこの本を最初の1冊として読むことをおすすめします。

佐藤　第1巻では、まず貧困の定義から説き起こされていますね。

池上　このなかに書かれているとおり、一言で「貧困」といっても、国や地域によってとらえ方が異なります。開発途上国で暮らす人々が直面する貧困と、先進国のなかにある貧困とを、同じ水準で論じることはできないのです。

開発途上国に暮らす人々の多くは、生きていくために必要となる物資（たとえば飲料水や食糧）を満足に手に入れられません。風雨をしのぐ住居すらもたず、路上で生活する人々がたくさんいます。学校に通うことも、病院で医療サービスを受けることも、もちろんできません。

（開発途上国に暮らす人びとの多くは、）生きていくことさえできないほど、極度の貧困におちいっているのです。このように人間として最低限の生活ができないような状態を「絶対的貧困」といっています。（前掲書 9ページ）

こうした状況は物質的剝奪状況をあらわしています。その意味では、絶対的貧困とは本来生きていくために有すべき権利が社会から剝奪されていることでもあります。

他方、先進国といわれる国々にある貧困はまったく別の様相を呈しています。日本を含む先進国では、多くの人々が豊かな生活を送っていますが、そのなかにも日々の暮らしを営むことに困難を抱える人がいます。彼・彼女たちはたとえ仕事に就いていても、さまざまな理由により、職種がきわめて限られています。その多くが低賃金の不安定な労働です。みずからの生活水準を向上させる手立てをほとんどもたず、社会に参加する機会にも恵まれていません。

「相対的貧困者」とは、同一の国のなかの、豊かな人びととくらべて貧しい人をさす

言葉です。（前掲書　9ページ）

この「相対的貧困」という考え方は大切です。所得が低いほうから順番にならべてちょうど真ん中に位置する人の所得（中位所得）の半分以下の所得しかない人がどれくらいいるかをあらわす指標です。

佐藤　この本に示されているとおり、日本は相対的貧困率が高く、経済協力開発機構（OECD）加盟国の平均値が11・1％であるのに対し、日本の相対的貧困率は16％を超えています。

池上　日本では貧困が見えにくい。開発途上国のように、飢餓に瀕する人びとが擦り切れた衣服を身にまとっているわけでもない。いまの日本では衣料品チェーン店で安価な服が手に入るので、とりわけ子どもの場合は、服装などには貧困があらわれにくいとよくいわれています。

佐藤　一見すると、物質的には満たされているように見える。現代の貧困は可視化されにくいんです。

池上　学校現場でネグレクトが発見される機会は、歯科検診だといわれています。虫歯が多い、歯並びが悪いなど、歯の健康状態などの見えにくい部分で、深刻化が進んでいる。なかには、乳歯の頃から放置されているので、歯槽骨《しそうこつ》が溶け始めている子どももいることが明らかになっています。

佐藤 歯並びには端的にあらわれますよね。

池上 「絶対的貧困者」と比べると、「相対的貧困者」は物質的には満たされているように見えてしまいます。「所得の水準」という視点だけで現代の貧困をとらえようとしても、こぼれ落ちてしまうものが多い。やはり、「何をもってして貧困とするか」を考えなおす必要があります。

その際に重要なのが、「社会に参加するための能力」という視点です。この能力を「持っている・持っていない」を区別することによって貧困を定義する考え方です。困窮層の人びとは、社会に参加するために必要となる資源をもたないために、貧困状態にあると考えられます。たんに所得の水準だけではなく、社会生活をいとなむ度合いを尺度として、貧困へアプローチする。このことは経験の機会の貧困でもあります。この視点は日本の貧困を考えるうえで多くの示唆を与えてくれます。

佐藤 日本では、貧困に関して情緒的な議論が多いように思います。この本のなかでも示されているとおり、日本の相対的貧困率は国際的に高い水準であり、所得格差が大きい。にもかかわらず、その事実を認めようとしない人が一定数存在する。「俺の子どもの時代よりは今のほうがずっとましだ」「戦前の時代はもっと苦しかった」などと言う高齢者も少なくない。このような情緒的な議論をしていてはダメなんです。「生活保護を受給しているのに、贅沢なものを食べるのは許せない。アフリカの子どもたちはもっと大変だ」などと言って問題を拡散させるのもおかしい。今、自分たちの目の前で起こっていることについて、我々が負わねばならない責任は何か。そこから考えていくべきだと思います。

†情報格差としてあらわれる貧困

池上　第2巻『昔の貧困・今の貧困』では、過去の貧困と現代の貧困がつながっていること、大人の貧困と子どもの貧困もつながっていることが指摘されています。「昔の貧困」の特徴は、構造的に経済格差と情報格差が結びついていることにあり、この特徴は「今の貧困」にも当てはまります。

戦後間もない時代には、テレビやラジオを受信できる人とできない人のあいだに情報格差がありました。都市部ではテレビのチャンネル数はたくさんありましたが、地域によってはNHKしか放送していない、あるいはテレビ放送が映らない場所もありました。今は、テレビや新聞などの情報格差は解消されたといえますが、情報格差は別のかたちであらわれています。むしろITの進展によりその傾向はより顕著になりつつあるようです。

†教育格差と不平等

池上　第3巻『子どもの貧困・大人の貧困』では、経済格差が教育格差をもたらし、子どもの貧困につながっていることを指摘します。

相対的貧困率のうち、17歳以下の子どもの数値を示したのが「子どもの貧困率」です。この数値が日本は急激に上昇しています。厚生労働省によると、子どもの貧困率は1985年には10・9％だったのですが、2012年には16・3％にまで上がりました。日本では、約6人に1人の子どもが貧困であるという事実は深刻です。

しかも、日本の子どもの貧困率は、OECD加盟国35カ国のうち、11番目という高い位置にあります。日本は敗戦後に比べると経済的に豊かな国になりましたが、社会のなかのある場所では貧富の差が大きくなっているのです。

また、同書では、子どもの貧困と教育には結びつきがあることを強調し、貧困の連鎖について警鐘を鳴らしています。

2014年3月、文部科学省は、「全国学力・学習状況調査（全国学力テスト）」を分析した結果、親の年収や学歴が高い子どもほど学力が高い傾向があったと発表しました。収入の多い家庭の子どもと少ない家庭の子どもが、学力テストの正答率で、およそ20ポイント開いていたというのです。これは、収入が少ない家庭は子どもにかけられる「学校外教育費」が少ないことなどによるものだと考えられています。家庭の経済格差が、教育格差をうんでいるのです。

親が貧困であるということは、子どもから学習の機会や、さまざまな体験活動（スポーツや文化活動など）の機会をうばってしまうことなのです。

近年、このことが日本の大きな社会問題となってきました。貧困により、低学力・低学歴になってしまう子どもは、大人になっても低収入の仕事につかざるを得なくなるといいます。そして、こうした状態は、「貧困の世代間連鎖」とよばれ、次の世代の貧困につながるともいわれています。

（『貧困を考える③　子どもの貧困・大人の貧困』　5ページ）

重要なのは、教育格差は情報格差でもあることです。生まれたおちた家庭の経済状況によって、子どもの進路や職業選択が限定され、不平等を招いてしまう——。

佐藤　ほんとうにそうです。人生の入口における何らかの格差、たとえば幼少期に親がリストラで失業したなどの理由によって貧困に陥るとか、いちどハンディキャップを負って貧困のスパイラルに陥ると、そこから抜け出すことは難しい。よほどの運の良さ、あるいは超人的な努力がなければ、貧困スパイラルから抜け出せない。１００人のうち１人しかできないような努力を、貧困からの脱却のロールモデルとして示すのは良くありません。

そもそもロールモデルたりえるためには、１００人のうち60〜70人が到達できるものである必要があります。ひと昔前のロールモデルであれば、たとえば短大を卒業して小学校の教師になるというものがありました。教師としてキャリアを積み重ね、ある時点で管理職試験を受けて教頭先生になる、あるいは各科目の主任あるいは学年主任をキャリアの頂点として60歳の定年まで勤め上げる、こうした実現可能なライフプランが存在しました。先生になれば社会的にも承認されるので、自尊心を満たすことが可能なロールモデルでした。

†生活困窮層の子どもは勉強する場所がない

池上　いま東京都内の大学受験競争においては、都立高校が復権しているといわれています。70年代までは東大合格者数で首位を独走していた日比谷高校は、難関大学への合格者数でランキングに返り咲いています。授業料を含めた学費という点では、私立高校に比べて都立高校は負担が小さい。したがって、子どもを私立高校に進学させる経済的な余裕がない家庭であっても、都立高校で子どもの学力を伸ばすことが可能になったといわれています。

ただ実際には、「都立御三家」と呼ばれる日比谷高校など偏差値の高い都立高校に入学するのは、経済的に豊かな家庭の子どもがかなりの割合を占めていると言われています。

佐藤　やはり月謝の高い学習塾に通わないと、都立西高校や日比谷高校などの都立進学校に入学するのは難しいですからね。

池上　都立高校は学費自体は安いけれども、入学試験に合格するための準備に経済的な負担が必要となっています。

むろん私立の中高一貫高校に進学するためにも、同様に塾通いが必要ですし、高額の授業料を負担しなければなりません。親が塾や私立学校の授業料を払うことができなければ、十分な教育機会を子どもに与えることができない。経済格差から教育格差が始まっているといえます。「日本には高い授業料の私立中学校が、現在776校あります。中学受験は「経済格差がうんだ教育格差の象徴」だといわれることがあります。」（前掲書、22ページ）という指摘は的を射ています。

佐藤　東京大学の入学者にも同じことが言えます。東大生の親の年収は高いという調査結果もあります。

池上　とくに理科Ⅲ類などの合格者は限られた高校出身者で占められています。

佐藤　半分は灘高校です。4分の1が筑波大附属駒場高校と桜蔭学園。

池上　約10校に集約されています。日本では、富裕層の子どもは進学校に通って高学歴になり、困窮家庭の子どもは十分な教育をうけられずに短い教育期間になるという教育格差が構造化されつつあります。

佐藤　私は埼玉県立の浦和高校（さいたま市）を卒業しています。この高校からは毎年三十数人、東大に合格しています。高偏差値と言っていいと思います。ただし、この高校にも貧困の問題がある。

　杉山剛士校長は「現在の浦和高校生の保護者の４％が住民税の免除家庭だ。経済的に恵まれていない子どももいる進学校だ」と位置づけていました。学校は21時まで開放していて、学校の図書館や教室が使えるようになっている。

『日経新聞』（電子版）に杉山校長へのインタビューが掲載されていました。「塾にいく暇はない　浦高生徒は「14時間制」」という表題の記事でしたが、塾にいく「暇」がないという生徒もいるでしょうが、経済的な理由で塾に行けない生徒もいると思う。

池上　２０１６年に東京都が「子供の生活実態調査」を実施し、生活困難な子どもの状況についてはじめて調査し、その結果を公表しました。この調査のなかで、「家の中で勉強ができる場所」があるかどうかを16～17歳の子どもに尋ねたところ、困窮層の子どもほど自宅での勉強場所を持っておらず、勉強する場所が「欲しいがない」と答える割合が高いことがわかりました。

　この「家の中で勉強できる場所」は、ユニセフの子どもの物質的剥奪率調査の８項目の一つに入っている項目です。ユニセフでは８項目のうち２つ以上が欠如している割合を、子どもの剥奪率として国際調査の結果を発表しています。

「家の中で勉強できる場所」があるかどうかは、そのくらい子どもにとって必要で、なければならないものです。それが東京の困窮家庭の子どもたちのなかで、ない人たちが少なくないことは深刻だと思います。

†教育格差による分断

佐藤 親の経済状態が子どもの教育に反映されてしまう。この世代間連鎖をどのように断ち切ればいいのか。これはすごく難しい問題です。

私や池上先生、もう一まわり下の団塊ジュニア世代くらいまでは、親よりも子どものほうがより良い教育を受けています。また、私たちの父親・母親も、祖父母よりは良い教育を受けていたと思います。

昭和の日本では、経済水準では多少アップダウンがあったにせよ、教育水準においては一貫して右肩上がりでした。ところが今は経済的に右肩下がりになっていると同時に、教育も右肩下がりになっている。

親が高等教育を受けていない場合、子どもに対するアドバイスの幅が狭まる傾向があります。そうすると、親と同じ資質があったとしても、その子がより良い教育を受けることを目指さないケースが出てくるでしょう。将来に対するイメージが湧かなくなってくるんです。

私はイギリスで、それをすごく感じたんですよ。イギリスの場合、完全に階級の壁があって、その壁を超えるような階級移動がほとんどない。

池上 そうですね。佐藤先生のご著書『紳士協定』には、そうした状況の先生とホームステイの思春期の男子との交流がよりよく表れています。児童養護施設出身の子どもたちにも、同じような傾向があります。将来設計についてイメージが湧かないので、「将来どういう仕事に就きたいか?」と問われると、自分と親しい児童養護施設の指導員のお兄さん・お姉さんのようになりたいと答える子どもが少なくありません。子どもたちにとり、最も身近なところで安心した関係を築くことができるのが指導員のお兄さん、お姉さんです。そのため、最も身近な人に「大人」のイメージをもつようになることが多いです。

佐藤 重要なのは、ロールモデルだと思います。自分たちが触れる範囲内で、こういう先輩がいる。その人たちはあり得ないような幸運に恵まれているわけでも、尋常ならざる努力をしてきたわけでもない。標準的な努力の積み重ねによってこういうところまで行けて、こういうことができるんだ。そういうロールモデルはすごく必要ですよね。

池上　職業選択と同様に、児童養護施設の子どもたちのなかには、進学に対してもどこかいまひとつ実感がもてないままの子どももいます。そのため、最初から進学を希望しない子どもも多いのです。むろん進学するためにはまとまった額の資金が必要となるので、経済的な理由から諦めざるをえないという事情もあります。

経済的な理由のほかにも、進学を躊躇する理由はあります。たとえば保証人の問題です。大学に行く時、奨学金をもらおうとすると保証人が必要になる。実親がいる場合は、実親に保証人になってもらうことがほとんどですが、なかには実親に断られるケースもある。

佐藤　連帯保証人になるわけですから、責任が重い。

池上　「大学なんかに行くよりも、高卒で就職口が見つかるんだったら、まず就職したらどうなんだ」と実親から言われて、結局、大学進学を諦めてしまう子どももいます。

佐藤　学歴社会の特徴が露骨にあらわれるのがパートナー選択です。誰とつき合うか、さらには誰と結婚するか、この選択に学歴が如実に反映される。まれに異なる階層の人とつき合うこともあるけれども、たいていは同じ階層の人とつき合う。高卒者は結婚相手に高卒者を選び、大卒者は大卒者から探す傾向がある。

池上　貧困や虐待に苦しみ、家出した少年少女たちを取材していたルポライター、鈴木大介さんという方が41歳という若さで脳梗塞になられて、闘病記を出しました（『脳が壊れた』新潮新書　2016）。彼は病気になる前、家出少女たちを取材したときに「風俗で搾取されるよりは生活保護の手続きをしたほうがいい。自分も一緒に行ってあげるから」とアドバイスしたそうなのですが、頑なに拒まれたそうです。そういう子どもたちは人から援助を受けたり、福祉制度の対象になったりすることに強い抵抗感があるそうです。

佐藤　つまり、自己責任の罠から逃れられないんですね。

池上　他の人や福祉の制度に頼るということは最後の最後にすることで、それまでは、自分の力でやっていくのだと自分も思っているし、まわりの人もきっとそう思っているはずという考えの桎梏《しっこく》が強いです。

佐藤　若いうちに新自由主義的な価値規範を内面化し、自縄自縛になって動けなくなる子どもが増えているように思います。こうした傾向は、ここ20年ほどの新自由主義的なプロセスの加速とすごく関係していると思います。早いうちから自己責任などの価値観を刷り込まれると、「自分が大変な状況に陥ったのは、自分のせいなんだ」と思い込んでしまう。このような価値観を転換させるためには、「自分が困窮状況に陥っているのは、すべて社会構造のせいなんだ」という方向に持っていくしかない。これは逆にイデオロギー過剰になるので、あらゆる問題は自助努力の欠如という側面と社会構造の歪みに起因する側面の、両面をあわせもっている。その両面を考慮しつつバランスをとって、自らが直面する問題を分析することはなかなか難しい。

†給食で命をつなぐ子どもたち

池上　話を『子どもの貧困・大人の貧困』に戻しますと、第7節で「学校給食と貧困問題」について言及しています。近年の日本では、「給食費の未納」が深刻な問題となっています。文部科学省の調査によると、公立小中学校で給食費の未納者がいる学校の割合は46・5%。未納の理由としては、家庭が経済的に困窮しているなど親の経済的な理由があげられています。

子どもの6人に1人が貧困といわれる今、日本の義務教育の役割は非常に重要です。家庭でまともな食事ができない子どもが大勢います。温かい栄養のある食事を食べられるのは、学校給食だけという子どももいます。こうした子どもたちは学校がなければ、おそらく運動もしないし本も読まないでしょう。（前掲書　7ページ）

佐藤　給食が重要な問題として語られている。

池上　東京でも、「生きていくために必要な栄養を摂れるのは学校給食だけ」という子どもが増えているといわれています。給食のために登校する子どももいるという状況も一部にはあるといわれています。

こうした構図は、開発途上国と共通しています。先進国・日本の内部に、開発途上国が抱える貧困問題と同じ性質のものが埋め込まれているといえるかもしれません。

国連WFP（世界食糧計画）によると、現在世界では6600万人（アフリカだけでも2300万人）の小学生が空腹のまま学校に通っているといわれています。また、国連WFPのホームページには、「学校給食が子どもを毎日学校に通わせる重要なきっかけとなります。学校給食は子どものお腹を満たし、子どもは学習に集中できるようになります。出席率も向上します」と書いてあります。

（前掲書　24ページ）

佐藤　2017年夏に都議会選挙がありました。そのときに公明党が魅力的な公約を掲げていました。小学生の給食費無償化です。

これが実現したらいいと思います。現状では、給食費の無償化の問題は「免除」というかたちをとっている。生活保護家庭、あるいは就学援助を受けている子どもたちは、給食費の納付が「免除」されているのです。

ただ、この「免除」というやり方は子どもにとって良くないと思います。「タダ飯を食いやがって！」「この穀潰しが！」というかたちで同級生からイジメの対象とされる怖れがありますから。

池上　イギリスでも同じ議論がなされています。第4章で詳述する予定ですが、福祉には「普遍主義」と「選別主義」の2種類の考え方があり、選別主義にもとづいて運営すると社会的分断をもたらす要因になりかねないため、普遍主義にもとづいた社会保障政策をすすめている。それで、イギリスでは親の所得の多寡にかかわらず、一律に10歳までは給食費が無償化されるようになりました。日本の小学3年生に該当する学年までは、どんなに裕福な家庭の子どもでも無償になっています。それ以降は所得制限になっている。

佐藤　それは賢明ですね。

池上　そういうところのセンスがイギリスは繊細ですね。

私が大学で担当している授業のなかで、「あなたが身近に感じる子どもの貧困は何ですか？」について学生にレポートを書いてもらっている。そのなかに「小学校の時に、給食費の無償の手続きをしている子がいた。その子は努力家で、私より頭のいい学校に行きました」と書いていた。子どもはよくみているということがわかります。学校の先生がそういう調査をせざるを得ないのが、日本の公教育の現状ですから。

佐藤 給食費無償化、もうひとつは教師の疲弊を防ぐことですよね。給食費を払わないと、実際の取り立ては教師がやりますからね。親に言ってくれだとか。行政が直接やって、教師は一切関せずという現場じゃないでしょ。それから理想的にはフィンランドみたいに、生活指導は切り離して、教師は教育だけに専念できればいいんだけれど。

†「食べる」は可及的に解決すべき問題——給食の無償化について

佐藤 給食の問題を解決するためには、やはり制度設計が必要になります。多くの日本人は、子どもの貧困について憂慮している。何らかの手を打たなければいけないと思っている。子どもの貧困問題を解決するために、とにかく可及的速やかに取り組むべきは、「食べる」ことです。給食費の無償化、あるいは高校までの給食の義務化。こうした施策は、今後、重要度が増してくるはずです。

これはきちんと試算する必要がありますが、もしも仮に0歳から22歳まで教育費を完全に無償化したら必要な財源はいくらかというと、低く見積もる人は2兆円、多く見積もる人でも10兆円ぐらいと思います。いずれにせよ消費税を2〜4パーセント上げれば、財政的には十分賄える。今、消費増税を再再延期するという議論がありますが、もういちど考えなおし、制度設計のなかに0〜22歳までの教育費完全無償化を盛り込む。もっとも私立大学については、独自の教育を維持するという観点から国の予算に依存しない方がいいと思いますが。いずれにせよ教育無償化は成長戦略にもなると思うんですよ。今、日本人がお金を貯める目的はふたつあって、ひとつは老後の生活資金、もうひとつが子どもの教育資金です。後者から解放されれば、財布の紐もゆるみ日本人の消費行動も変わるのではないでしょうか。

とにかく、「食べる」ことについては、急いでやらなきゃいけない。栄養バランスのいいものを食べるということじゃなくて、とにかく食べさせる。

貧しい人たちはひもじさに慣れてしまうんです。空腹が恒常的につづくと、それが当たり前の状態になってしまう。だから、当事者は自分の飢えに気づかない。

今、日本では、6人に1人の子どもが満足に食べられていません。そういう子たちの存在に学校の先生が気づくのは、おそらく夏休みが明けた頃だと思います。給食がないと食事をきちんと取れず、極端な体重減少が起こるからです。

†空腹について、ひもじさについて

池上　義務教育段階の子どもだけでなく、大学にも「食べる」ことに困っている学生が増えています。

佐藤　私が客員教授をしている同志社大学の生協では、「ミールカード」という制度があります。ミールカードとは、毎日一定の金額を生協食堂で食べることができる食堂の定額利用券です。前払い方式で、申し込んだ1日の利用限度額まで、主菜、副菜、麺、丼を自由に組み合わせて食べることが可能。食費を1年分確保できるため、手持ちのお金がなくても安心して食堂を利用することができ、遠く離れた親にとっても安心です。しかも、食費以外に利用することはできないため、食費を切り詰めて遊ぶための金をつくることができないし、翌日に繰り越すこともできない。このカードさえあれば飢えない。

普遍主義にもとづいた子どもの食糧支援は、こういうカードのような形がいいと思うんですよね。たとえば、外食チェーン店と組んで、1日の限度額が1000円のミールカードをつくる。このカードは普通に販売もする。だから、普遍主義的な形で「食べる」を確保する。

保護者としての役割を果たせない親がいるのは事実。子どもは親の責任をかぶる必要がないのですから、「食べる」については社会が面倒をみてあげる制度設計が必要だと思います。

†貧困の実相を把握することの大切さ

佐藤　貧困をテーマとした信頼のおける本として、池上和子さんのご共著『日本の大課題子どもの貧困』（池上彰編、ちくま新書　2015）もあげられます。

編著者の池上彰さんは、「子どもの貧困を考えるうえで最も大事なことは、抽象論ではなく、子どもたちの実相を把握することです」と強調していますが、本書はまさに実相の把握を主眼において構成されています。

まず、池上彰さんが案内人になって、児童福祉の専門家である高橋利一さんから、子どもの貧困の問題が集約されている児童養護施設の現状と課題について聴き取りを行なっています。そのうえで、池上和子さんが、逆境にある子どもが内面化した問題について解説し、児童養護施設に携わる高橋利之さんが、子どもたちを自立させるための支援について述べています。

池上彰　（産業の）空洞化が進んで、いわゆる工場などの単純労働者の職場が奪われた。そして貧困に苦しむ人たちが増えていった。その皺寄せが子どもにいったということでしょうか。

高橋利一　貧困の連鎖が子どもにまで押し寄せて、いまや約6人に1人の子どもが貧困とされる水準で生活をしているともいわれ、2013年には「子どもの貧困対策の推進に関する法律」という法律まで成立しました。この貧困の連鎖をどこかで断ち切らなければなりません。（前掲書　81ページ）

子どもの貧困は、社会構造の変化によって生じているのですから、社会全体で解決のために努力しなくてはなりません。

佐藤　この本の最大の価値は、今までなかなか注目されなかった児童相談所に光を当てたことです。

公務員のなかで、児童相談所の職員というのはあまり人気のあるポストじゃない。仕事が厳しいので、離職率も高い。それに、子どもの貧困を解決するために支援活動を行なっているNPO職員からみると、児童相談所は地方自治体の末端組織にすぎず、児童相談所の職員は官僚機構の手先と見なされています。

こうした状況で働く児童相談所の職員たちはいったい何をやっているのか、いま児童相談所の職員が抱えている問題は何なのか、一般に理解されているとは言い難い。ご共著では、児童相談所の社会的な役割を紹介し、直面する課題について掘り下げて提示したわけですから、その意義はすごく大きいと思うんです。

池上　児童相談所の役割のひとつは、今の社会の子どもを家庭で養育するシステムではかかえられなくなった子どもたちを保護し、社会的養護で育てていくことにあります。

佐藤　私はもともと公務員だったからわかるのですが、児童相談所の側からすれば、業務山積で忙しすぎて手が回らないというのが実態だと思います。

児童相談所に良い人材を送り込んでいくためには、どうすればいいのか。普通に公務員になって、人事異動で何となく児童相談所に配属されてしまう。こういう人事システムでは、事態を改善していくのは無理でしょう。大学の段階から、自分の仕事・使命として社会的養護を志す学生を育てていく。そういう学生が公務員試験を受け、自分の意思で児童相談所の職員になるのがベストでしょう。だから、理想論をいえば、たとえば大学に児童福祉学科のようなものを新設し、そこから児童相談所へのキャリアパスを構築できるようになるといいですね。

†社会的養護のプライオリティ

佐藤　冒頭でも述べましたが、本に限らず、ネットニュースやテレビ番組にも当てはまる傾向ですが、日本では貧困問題が興味本位で取り上げられることがあまりに多い。これはいちばんよくないと思っているんですよ。

たとえば、数年前に、児童養護施設の子どもたちにランドセルなどを届ける「タイガーマスク」現象が話題になりました。美談としてメディアでは語られることが多かったですけれど、施設側にしてみれば数十個もランドセルを贈られるのは迷惑です。また、中学生・高校生が小遣いを貯めて児童養護施設に寄付したという話も報道されましたが、これも私には全く美談だとは思えない。彼らは親からもらったお金を寄付するわけですが、逆の立場に立ってみれば、同じ年頃の子どもたちから施しを受けると屈辱を感じるかもしれない。そもそも、子どもが寄付をするのではなく、親が施設に直接寄付するべきだと思います。

たいていの人たちは、支援を受ける側の気持ちに無頓着であり、恐ろしく鈍感です。これは言わずもがなのことですが、支援をする立場の者は、支援される側の人に対して心情面でも配慮をしなければならないと思います。

私は、社会的養護の仕事にはプライオリティがあると考えます。まず守られなければならないのは「児童養護施設の子どもたちの権利」です。「国民の知る権利」は「子どもたちの生存権」よりもプライオリティははるかに低く、優先順位が逆になっている報道が時折見受けられます。

「国民の知る権利」を優先して児童養護施設の問題を興味本位で扱うことで、養護施設の子どもや職員、あるいは親に不利益をもたらすのは本末転倒です。

†貧困から抜け出す道筋は大学進学だけではない

佐藤　ご共著は意義のある内容だと思います。ただ、少し理想論に傾いているように感じました。教育に焦点を当て、大学へ進学し、高等教育を受けることによって人生を切り拓くことを推奨されています。むろん児童養護施設出身者のキャリアパスとして、大学進学も一つの重要な選択肢だとは思うのですが、はたして実際にうまくいくのでしょうか。たとえば篤志家の支援によって大学に行く学資を得たとしても、ぶじに卒業できるのでしょうか。

池上　高橋利一先生は同書のなかで、子どもたちが大学に進学することの重要性を強調されていますが、実際には佐藤先生が疑問を呈されたように、大学に進学することが貧困から抜け出せる唯一の道筋というわけではありません。

　大学に入学するまでは、児童養護施設の職員や学習支援ボランティアが協力すれば何とかなるんですけれど、大学卒業までこぎつけられる子どもの数は非常に少ない。つまり、中退してしまう問題も課題としてあります。

佐藤　それはどうしてですか？

池上　児童養護施設における生活・食事はある意味では規則正しいのですが、どうしても他律的な生活になってしまう。自分たちのふだんの生活に職員である大人の人たちがどのようなやりくりをしているかなかなかわかりにくいところがあります。ところが、施設を退所後にひとり暮らしを始めると、いきなり生活のすべてを自己管理しなければならない。施設での他律的な生活に慣れている子どもにとっては、この変化に18歳で退所と同時に対応していくのはかなり急激な移行で難しい問題です。

すこし議論の先取りになりますが、第2章で言及するジェームズ・J・ヘックマンやポール・タフが言っているように、基礎学力をつけることとその後のアカデミックな高等教育段階を修了することには、それぞれ別の能力が要求されるのです。

そもそも、大学に行くことが最良の進路であるとは必ずしも限らない。子ども一人ひとりに寄り添い、その子どもに合った進路をともに考えていくことが必要です。児童養護施設に入所する子どもたちは、実親から不適切な関わりをされたり厳しい環境で生きてきた。そういう子どものなかには、大学進学以外の方向性や可能性も見つけていくという関わり方もとても大切です。

†トンネル効果の罠

佐藤　そうだと思います。この本の論理を進めると、一種の「トンネル効果」が導かれてしまいます。「トンネル効果」という概念は、岡田尊司さんが書かれた『マインド・コントロール』（増補改訂版、文春新書　2016）に詳しいので、興味のある読者はそちらを参照していただきたいのですが、かいつまんで説明すると次のようなことです。

社会的生き物である人間にとって、所属する集団から認められることは、命よりも重要なことだ。所属する集団から見捨てられることは、死よりもつらい。

仲間はずれやいじめを受けた者が、死を選ぶことも珍しくないのも、そこに起因する。その人が、狭い逃げ場のない世界に生きていればいるほど、仲間外れやいじめは、死よりもつらい責め苦となる。

学校という閉じられた世界は、人を追い詰めるトンネルとしても作用する。それもまた、人が社会的生き物であるがゆえの悲劇だ。

小さな集団で暮らし、一つの考えだけを絶えず注ぎ込まれることによって、その考えは、その人自身の考えとなるだけでなく、その小集団や仲間に対する愛着ゆえに、もはやそれを覆したり、期待とは異なる振る舞いをすることができなくなる。

（前掲書　21ページ）

たとえば、学習塾や進学校のやり方がトンネル的です。難関校への合格を目標として掲げ、受験のために進学塾に通うことも、ある種の「トンネル」に入ることにほかならない。外部から遮断された小さな世界のなかで、その組織に所属するメンバーのあいだで共有されている価値観やルールを絶対視するようになる。暗いトンネルの中で光明を示し、そこを目指させるというのは一種のマインド・コントロールになってしまう恐れがある。

〝良い〟目的のトンネルであっても、トンネルである以上、さまざまな副作用や危険を生じ得る。その目的だけがあまりにも優先され過ぎて、他のことが見えなくなり、おろそかにされることもある。目的が達成できないと、絶望して自殺しようとしたり、すべてがダメのように思い込んで、自暴自棄になることもある。

あまりにも長い時間トンネルの中で過ごすことによって、他の世界とのズレを生じ、それ以外の世界に適応できなくなる場合もある。目的に向かって頑張っていたときには夢中だったが、後から考えて、自分が望んだことではなかったと悟ったり、何のためにそんなことをさせられたのかと疑問に思ったりする。（前掲書　22ページ）

児童養護施設の子どもたちに大学進学の可能性を強調しすぎると、「大学に入れば、その後バラ色の未来が開けてるんだ」と思ってしまうかもしれない。でも仮に大学に入れたとしても、その先が続かないのであれば生活がガタガタになってしまう。ですから、選択肢を一つに絞り込まずに、もう少し幅広い選択肢のなかで、自分で意思決定できるほうがいいのではないでしょうか。

「トンネル」は効率的で強力ですが、そのぶん弊害も大きい。トンネル効果は怖いんです。大学を出たら本当にバラ色の未来が開けていればいいんですけど、今の時代に大学を卒業したとしても、経済的に保障された安定した生活への道が開けているとは限らないから。子どもたちが「トンネル」の罠を回避できるようにしなければなりません。

池上　学生支援機構の奨学金も、基本的にトンネル的な発想にもとづいていますよね。利子も含めた借入金額を返済すれば、その先の道が開ける。つまり、制度の根底にある発想が右肩上がりの時代を前提としている。しかし、現代はそうではなく、返済することが目的化してしまっている。何のために大学に進学するのか、卒業後にどうするのか、そういう人生設計を奨学金をもらう前にあらかじめ考えておくことが大切です。自分の未来に対するビジョンをもたずに奨学金をうけると、卒業後に返済に追われることになりかねません。

佐藤　18歳で大学生になる人間に、数百万円の借金を背負わせる。これはギリシャの債務や日本のバブル崩壊と同じですよね。借り手責任と同時に、貸し手責任が問われるべきだと思います。たとえば学部から法科大学院まで、1カ月につき16万円もの大きな額の奨学金をもらっていると、結果的には1000万円近い借金を背負うことになる。卒業後の暮らしぶりがどうなるかわからない若者に、そんな大金を貸していいのでしょうか。これには明らかに、貸し手の責任も大きいと思います。

†不可視化される地方の貧困問題

佐藤　地方に行くと、子どもの貧困を認めない人が多い。とりわけ保守層にこの傾向は顕著です。問題の深刻さを理解していないどころか、その存在すらも否認する人が少なくないことに驚かされます。「子どもの貧困？　おれの町にはそんなものはない！」「各家庭の問題だから、安易に制度的に介入するべきではない」「たとえ貧困が存在したとしても、その解決は自助努力でやるべきだ」云々と、平気で言う人が政治的な力をもっている地域も少なくない。

ただデータのうえでは、貧困に苦しむ子どもが増えていることは明らかです。そこに何らかのかたちで手を差し伸べなければいけないのですが、その制度設計ができていない。

今、「子ども」という言葉を書く時、すごく苦労するんです。自民党系は「子ども」の「ども」を漢字にして「子供」と表記するんですが、立憲民主党などリベラル系は「子ども」と表記する。だから、「子ども食堂」は表記に迷っているという話を聞きます。「子ども」の「ども」を漢字にするか、それともひらがなにするか。こんな些細なことでも、イデオロギー対立が起きている。

結論を先取りして言うと、日本では文化的な拘束性が非常に強い。ですから、田舎の保守層が露骨に反発するような制度設計ではうまくいかないと思うんです。「子ども」を「子供」と漢字で書きたがる人たちが反発しないような制度設計はいかに可能なのか、ここに知恵を絞る必要があるはずです。

†生活習慣という壁――言語環境が子どもを育てる

池上 ある児童養護施設で幼い子どもが入所するときに、次のようなことがありました。ある子どもが入所した最初の日、晩ご飯にカレーライスが出されたんですけど、その子は「黄色くて気持ち悪い」と言った。つまりその子は、カレーライスを見たことがなかった。

これは極端な例ですが、カレーライスを食べたことがない、炊きたてのご飯や温かい食事を食べたことがない、こうした多くの人にとっては当たり前のような経験をしていない子どもがいる。そういう子どもにとって、それまで経験していないことを取り入れながら自分で自分の生活を組み立てていくことが難しい。

佐藤 朝起きて顔を洗い、歯を磨いて、着替える――。我々は当たり前のようにやっているけれど、こういう生活習慣を身につけるのは、じつは大変なことなんです。幼少期に親から躾けられないと、なかなか身につきません。

池上 一般的に、生活習慣は小学校1～2年頃までに身につくといわれています。学校から帰ってきたら宿題を済ませる、それから遊びに行ったり家でテレビを見たりする。あと、本を読むことが、生活リズムの中のどこかに組み込まれる。生活の流れとして、それが当たり前になる。多くの家庭ではそういうことを別段意識せず、自然にやっている。

でも、虐待的環境や不適切な関わりで育ってきた子どもたちの場合、それがなかなかできない。児童養護施設に入所後に、生活指導員や施設の職員から「まず宿題をしてから、テレビを見ようね」と毎日のように繰り返し諭されて、はじめて生活リズムを体得できる。

つまり、児童養護施設で生活する子どものなかには、「枠組み」のある生活をいとなむことを身につけていくのに時間がかかる子どももいます。誰かに決められるのではなく、あくまで自分の意思で秩序のある生活をしていく。そういうリズムのある生活が心地よいと感じられるセンスが育つ子と、なかなか身につけるのが難しい子どももいます。児童養護施設の現場では、こうした問題もおろそかにはできません。

貧困のとらえ方を理解するための本

池上彰監修
『シリーズ貧困を考える』①〜③
ミネルヴァ書房

小学生でも理解できるように、貧困問題をわかりやすく整理してある好著。「世界の貧困・日本の貧困」、「昔の貧困・今の貧困」、「子どもの貧困・大人の貧困」というテーマで各巻が構成されている。貧困を考えるために最初に読むべき本。

河上肇
『現代語訳　貧乏物語』
講談社現代新書

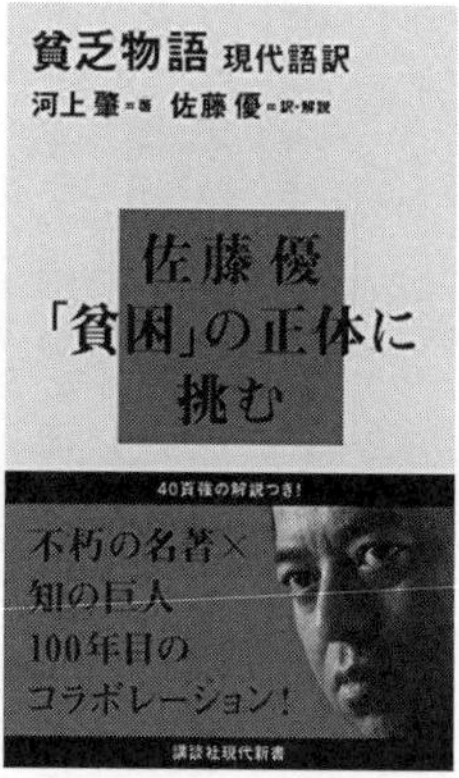

若き日の河上肇が、ヨーロッパ体験をもとに、資本主義がもたらす格差について考えたエッセイ。初版は１９１７年。大ベストセラーになった。本書には、時代が直面した社会問題に真摯に向き合った河上の思考のエッセンスが詰まっている。

第2章

教育格差を読む

†人生の出発点での不平等を断ち切るために

佐藤　第1章で述べたように、家庭の経済格差が教育格差をもたらしています。経済的に安定している家庭の子どもと困窮家庭の子どもを比べると、後者の学力が顕著に低い。

裕福な家庭で育つ子どもは優れた教育を受けることができるのに対し、困窮家庭の子どもはそうでないとすれば、彼・彼女らのあいだの競争は公平であるとはいえません。不利な条件のもとで競争への参加を余儀なくされた子どもは、競争のなかで排除されやすいからです。

近年、このことが社会問題として認識されるようになりました。経済格差と教育格差の連動をできるだけ早い段階で断ち切るためには何が必要なのか、このことを真剣に議論する機運が高まっています。

第2章では、人生の出発点における不平等を解消し、子どもが平等に学ぶためには何が必要なのか、この点について議論を深めていきたいと思います。

池上　この問題を考えるときに、気をつけなければならないことがあります。子どもの「学力向上」だけを主眼にしても問題は解決しないということです。

2007年から全国学力・学習状況調査が実施され、都道府県ごとの順位が公表されるようになり、その順位が公立学校の指標として重視されるようになりました。その結果、近年の日本では「子どもの学力向上」だけが焦点化される傾向があります。「テストの成績をあげるには何をすればいいか」「子どもに勉強させるにはどうすればいいか」などの学力向上について、社会的関心が集中しているように思います。

しかし、学力が高ければ、良い人生を送れるわけではありません。学校で修めた成績が良いからといって、波乱に満ちた世の中をうまく渡っていけるとは限りません。人生で成功するためには、学力以外の能力も必要となります。

佐藤 もっとも子どもの頃に高偏差値であっても、大人になってから幸せになれるとは限らない。外務官僚時代の私の経験に照らしても、学力の高さと人間性の間に連関はない（笑）。

池上 この点について、ジェームズ・J・ヘックマンが書いた『幼児教育の経済学』（東洋経済新報社 2015）という本は、実証的な分析にもとづいた有益な視点をあたえてくれます。

佐藤 ヘックマンは、シカゴ大学で教鞭を執り、2000年にノーベル経済学賞を受賞した労働経済学者ですね。

池上　ヘックマンはこの本のなかで、幼児期における教育政策の重要性および効率性を、実験データにもとづく統計的根拠を示しながら明らかにしています。

本書は3部から構成され、第1部に記されるヘックマンによる分析は、邦訳書でわずか40ページ足らずの紙幅でまとめられています。この分析に対して、第2部では、教育学者、心理学者、社会学者、政治学者などが批判的に検証し、第3部ではヘックマンが根拠を示しながら反論と応答を試みています。一般向けに平易な言葉で書かれ、分量もコンパクトにまとめられているので、多くの読者にとっても読みやすい1冊になっています。

本書の主張をまとめるならば、次の3つのポイントがあげられます。

①非認知的スキルの重要性
②就学前教育の影響力
③効率性と公平性をそなえる政策

以下では、ヘックマンの『幼児教育の経済学』を丁寧に読み解きながら、教育格差を是正するための方策を考えていきたいと思います。

非認知的スキルの重要性

池上　この本のなかでは、IQテストや学力検査、あるいはOECD生徒学習到達度調査（PISA）によるテストなどによって測定される能力のことを「認知的スキル」という言葉であらわしています。具体的には、いわゆる「読み、書き、算盤」といわれる、文字が書ける、文章が読める、計算ができるからはじまる学力的な能力のことを「認知的スキル」といいます。

他方、テストでは測れない、かつ数値化することはできない能力のことを「非認知的スキル」と呼んでいます。非認知的スキルとは、たとえば、「相手の気持ちがわかる」「感情をコントロールできる」「目標に向かってがんばることができる」「生活習慣を身につけることができる」などの能力のことです。

佐藤　目に見える知的な能力が認知的スキルであるのに対し、人間の内面に関わる能力が非認知的スキル、と整理すればわかりやすいですね。

池上　ヘックマンは、この非認知的スキルの重要性を強調しています。

人生で成功するかどうかは、認知的スキルだけでは決まらない。非認知的な要素、すなわち肉体的・精神的健康や、根気強さ、注意深さ、意欲、自信といった社会的・情動的性質もまた欠かせない。IQテストや学力検査やOECD生徒学習到達度調査（PISA）によるテストなどによって測定される、認知的スキルばかりが注目されがちだが、じつは非認知的な性質もまた社会的成功に貢献しており、それどころか、認知的な到達度を測定するために使われる学力テストの成績にも影響する。

（前掲書　11ページ）

ヘックマンが言うところの非認知的スキルには、結果がすぐ出ないことに焦らず、経験を積み重ねるという要素が含まれます。私が接した困窮家庭の子どもは、この力が弱かった子どもが少なくありませんでした。この点に関連するのは、学力的に厳しい大学では、中退率が高いというのも、根本的には同じ理由に拠るのではないかと思います。

佐藤　非認知的スキルが高まることによって、認知的スキルも高まる。そうした相乗効果がある。非認知的スキルは生きるために不可欠な能力である、といってもいいかもしれません。

池上　非認知的スキルが低いと、離職率や離婚率が高いということが長期追跡研究により明らかになっています。また、犯罪に関わるリスク、高校や大学での中退、生涯賃金などにおいても、非認知的スキルの影響は同じような相関性があることが調査結果で明らかになったことも同書では述べられています。

†就学前教育の影響力

佐藤　では、非認知的スキルはどのように身につけられるのでしょうか。非認知的スキルの格差は何に由来するのでしょうか。

池上　ヘックマンの研究では、子どもが小学校に入学する6歳の時点で、非認知的スキルの格差が明白だと述べています。しかも、6歳までの格差は早期に開き、その後も長期間にわたって継続すると述べています。

認知的スキルも社会的・情動的スキルも幼少期に発達し、その発達は家庭環境によって左右される。……恵まれない家庭に生まれることが、子供たちに格差をもたらしている。そこでは生活の質がもっとも基本的な問題であり、両親がそろっているかどうかや、親の収入や学歴といった要素は二次的なものだ。そして、そうした家庭環境は世代を超えて蓄積される傾向がある。

（前掲書　11ページ）

ヘックマンの理論を推し進めて考えると、公共政策に取り組む場合、困窮家庭には早い段階でアプローチしたほうが、30〜40年の長期的な時間軸のなかではメリットがあるという結論が導かれます。幼少期の生活環境が豊かなほうが認知的スキルに良い影響をあたえるのであれば、就学前の幼少期に社会保障を利用できる制度を整えるほうが効果は高い。

この結論を裏づけるデータとして、同書では、ヘックマンが試みた実験の結果を紹介しています。そのひとつがペリー就学前プロジェクトです。ペリー就学前プロジェクトは、1962年から5年間にわたって米国のミシガン州で、低所得のアフリカ系の世帯を対象として行なわれました。この実験では、小学校入学前の子どもたちに対して、午前中に毎日教室での授業を2時間半ずつ行ない、さらに週に一度は教師が家庭訪問して指導を試みました。非認知的スキルを育てることを重点として社会的スキルを教えています。この実験は30週にわたって続けられ、プロジェクトの終了後も40歳まで追跡調査しました。

この実験の結果、興味深い知見が示されます。被験者となった子どもの学力は当初は高くなりましたが、時間の経過とともに学力は低下していき、4年後には実験の効果は学力面では消えました。しかし、驚くべきことに、学力以外の主要な効果は継続し、非認知的スキルに関しては一貫して向上したというのです。しかも、最終的な追跡調査の40歳時点では、プロジェクトの介入を受けた子どもは、受けなかった子どもよりも学歴が高く、年収が多く、持ち家率も高く、犯罪率が低かった。

佐藤　就学前の効果的な介入は、身に付けたスキルが新たなスキルを生む相乗効果をもたらした。幼少期にこの相乗効果の歯車が回り始めると、将来にわたって学習を効率的かつ継続的に行なうことが可能になるということですね。

池上　示唆として重要なのは、学力低下の最初のつまずきは、子どもへの周囲の関わり方などの環境のなかにあるということです。幼少期に家庭のなかで虐待されたりネグレクトされた子どもは、その後も大きなハンディを背負うことになる。それは脳科学的にも実証されるようになり、ヘックマンも同書のなかで指摘しているとおり、幼少期の逆境体験によって脳機能の重要な部分にダメージがあたえられてしまう。

たんに貧困家庭に金を与えるだけでは、世代間の社会的流動性を促進できない。……貴重なのは金ではなく、愛情と子育ての力なのだ。すなわち、社会政策は適応性のある幼少期を対象にすべきだ。家族の大切さを尊重し、文化的感受性を発揮し、アメリカ社会の多様性を認識しつつ、子育ての質や幼少期の環境を高めることによって成果が導かれる。つまり、効果的な戦略は、選択肢のある高品質なプログラムの提供を必要としている。（前掲書　42ページ）

こうしたヘックマンの提言は、米国の文脈を背景として行なわれていますが、米国と同様に逆境的な環境で育つ子どもの割合が増えている日本にとっても、きわめて重要だと思えてなりません。

†公平性と効率性をそなえる政策

池上　ヘックマンが3つ目のポイントとしてあげているのは、幼少期の介入が社会保障政策として有効だという点についてです。

幼少期の介入は少なくとももうひとつの重要な特質を持っている。大半の社会政策を悩ます公平性と効率性のトレードオフがほぼ存在せず、介入を実施するための税金徴収に多少の死荷重〔訳注：課税により失われた費用〕があるものの、損失は利益を上回らない。幼少期の介入は経済効率性を促進し、生涯にわたる不平等を低減する。恵まれない環境で幼少期にきちんとした基礎的なスキルを育成しないままに思春期になってしまうと、状況を改善しようとする介入は公平性と効率性のトレードオフに直面してしまう。そして、思春期の介入は、経済的効率性の点から正当化するのが困難であり、一般に収益性を弾く。それとは対照的に、幼少期に投資を集中し、その後の投資でフォローアップすれば、公平性と効率性の両方を達成できるのだ。

（前掲書　35ページ）

ためらいつつ申し上げますと、これは経済学者の面目躍如たる見識だと思いました。日頃、心の問題を臨床的に考えている臨床心理学の観点にはない視点です。幼少期の介入が制度的に正しいことを、心理学的、倫理的な観点から正当化するだけでなく、経済効率の観点からも力強く擁護しています。

6歳未満の子どもの不公平を解消するような制度的な介入が可能ならば、公共の福祉をより良く促進できます。社会保障はたんに「事後的な保護」やセーフティネットに終始してはならず、子どもが見通しをもって将来を切り拓き、その力を伸ばすことに役立つような「事前の促進」が重要だ、ということです。

佐藤　この点に関して補足すれば、ヘックマンは人間の能力について遺伝子決定論を否定していることも重要です。

幼少期の介入に力を注ぐ公共政策によって、問題を改善することが可能だ。人間のすべては遺伝子で決まるという考え方に反して、恵まれない家庭に生まれた子供に幼い時期から手をかけることによって、はっきりした永続的な効果をもたらすことができることが、研究によって証明されている。この研究結果は、支えてくれる家庭環境の欠落が子供時代や成人してからの人生に有害な影響をもたらすことを示す、非実験的な膨大な証拠と一致している。（前掲書　12ページ）

私もヘックマンと認識を共有しています。ところが最近の日本では再び、優生思想が不穏なかたちでよみがえっています。たとえば、２０１６年夏に神奈川県相模原市で起きた殺傷事件などに、優生思想的な時代精神が反映されているように思います。この事件は、神奈川県立の知的障害者福祉施設「津久井やまゆり園」で起きた殺傷事件で、26歳（当時）の元施設職員の男が刃物で19人を刺殺、26人に重軽傷を負わせた戦後最大の殺人事件です。障がいのある子どもを排除するといった優生思想が顕在化しています。

あるいは、２０１６年に新書大賞を受賞し、ベストセラーにもなった橘玲さんの『言ってはいけない　残酷すぎる真実』（新潮新書）という本は、優生思想に近いです。彼の小説は面白いですけれど、優生思想的なアプローチに私はついていけません。もっとも「努力なんかしても無駄だから、諦めてしまいたい……」と思っている人が少なからずいるので、この本がベストセラーになったのでしょう。

子どもの成長については、環境要因が非常に大きく作用する。優生思想のように遺伝子ですべて決まるという発想になると、環境要因をすべて無視することになる。それはあまりに乱暴です。

小林雅一さんの『ゲノム編集とは何か』（講談社現代新書　2016）という本も、同様に思想的な危険性を孕んでいます。この本にはゲノム編集の優れた面について書いてあるのですが、あまりに無批判に肯定しすぎている。遺伝子操作の技術的な可能性と背中あわせにある倫理的な危うさを軽視している。ゲノム編集は優生思想につながることに、無自覚な論考が多いです。

†孤立した家族

佐藤　私はヘックマンの本を読んで、逆にショックを受けました。幼児教育から一度こぼれ落ちてしまうと、その後に深刻な影響が出てくる。日本の場合、「3歳児神話」（3歳までは母親が子育てに専念すべきであり、そうしないと成長に悪影響がでるという考え方）がいまだにあるため、幼少期の子育てを母親が家庭内で背負いこむことが多い。社会から孤立した弱い家族の場合、そのなかでどのような子育てが行なわれているのかは外部からはうかがいしれない。ネグレクトや虐待がなされていたとしても発見されにくい。その事実が露見するのは子どもが就学するとき。つまり小学校に入学して、初めて明るみに出る。

池上　そういう家庭で育つ子どもは、非認知的スキルを授けられる機会が極端に乏しい。朝起きて顔を洗う、下着を着替える、人に遭ったら挨拶をするなど、ごく基本的な生活習慣すら身につける機会に接していないことが多いのです。

学校現場で先生がたに気づかれることによってはじめてわかることがあるのは、下着をつける習慣がない子どもの場合です。とくに女の子はその影響は深刻です。女の子は、男の子よりも早い段階で身体が変化します。だから、その子が思春期になった時、非常に困惑することになります。生理が始まっても、自分でわからなくて、自分で適切な対応ができないという痛ましい影響があります。

佐藤　鈴木大介『最貧困女子』(幻冬舎新書　2014) では、そうした家庭環境に恵まれない子どもたちは、風俗の世界や組織暴力に搾取される可能性が非常に高いと警鐘を鳴らしています。

†DV家庭で育つ子どもたち

池上　NHKが2014年に放送した『DVにさらされる子どもたち――見過ごされてきた〝面前DV〟の被害』(2014年8月22日放送) というドキュメンタリー番組があります。DVは夫婦間の問題と両親間の問題だけれども、たとえ子どもが殴られなくても、子どものいるところで夫婦間で暴力がふるわれると、子どもは心に深い傷を負うことになります。これを心理的虐待といいます。2017年度の児童相談所の虐待件数においても、最も割合が高いのは心理的虐待です。

佐藤 ヒトは前頭葉が発達していますから、さまざまなイメージを思い浮かべることができます。もしも歯の痛い人の姿をみたら、自分の歯もいたくなるのが人間なのです。極端な例ですが、拷問でも、本人に拷問を加えずに自白させる方法があります。娘を連れてきて、彼女の爪を剝がすのです。自白を迫られる当事者に痛みはないけれども、拷問としての効果が非常に高い。面前DVはこれと同じことです。

池上 『DVにさらされる子どもたち』を授業で学生たちに見てもらいました。あらかじめ番組構成のポイントを示し、視聴後、学生に感想をレポートとして提出してもらいました。驚いたことに、受講生50人のうち1割くらいが、「自分が子どものころに経験していたものは、面前DVであったことを理解しました」と記してあったのです。受講生のなかには、「こういうテーマはいまは自分は向き合うことができないです」という意見もありました。

佐藤 封印していた記憶がフラッシュバックするのでしょうか。

池上 母親か父親かいずれか一方と関係を保てていたので、社会的養護を必要とする状況にはならなかったけれども、学生たちのなかで実は逆境に直面している人たちが少なくなく、それを一つずつていねいにたどると、幼少期に面前DVを経験している子が潜在的には相当数いることがわかりました。

佐藤 私は複数の大学で授業をしていますが、人生相談をしてくる学生が少なからずいます。身の上話に耳をじっくり傾けていると、その学生が育った家庭環境にDVや父親の浮気が隠れていることがある。それによって母親が非常に悲しみに暮れていて、同時に父親をものすごく憎んでいる。

父親が不在のとき、母親は父親のことを悪しざまに罵倒する。でも、夫と面とむかって夫婦喧嘩をするわけではない。母親は自分自身で生活をつづける経済的な基盤がないからです。

これは私の経験からの憶測にすぎませんが、親の浮気やネグレクト、母親がプチ家出して残された家族が困惑した経験などをもっている学生は3割くらいいるように思います。

池上 家族というのは、いったん形になったら、なかなか変えたり、別れることはできません。自分で選んだ人間関係は断ち切れないからです。でも、そのぶん怒りが潜伏し、積み重なっていく。そういう家族状況は、子どもにとっては非常につらい状況です。

佐藤 学生たちのデートDVにも同じ構造があります。関係ができた場合、相手を支配して、少しでも意に沿わないとキレて殴ったり、5分おきにLINEで所在確認をする行動をとる。

†DV加害者はとらわれが強い

池上 DVに関しては、被害者への救済のプログラムと同時に、最近は加害者更正プログラムもあります。あるプログラムでは、暴力をふるう男性は暴力を正当化する考え方があるので、まずその点について語ってもらうそうです。すると、偏った認知にとらわれていることがわかってきます。

たとえば、そういう男性は次のような身勝手な論理を並べます。「自分は男で働いている。女は家を守り、亭主が帰ってきたら当然温かい食事を卓に並べるべきだ。それを怠るとは何事だ」。こうした考え方に強くとらわれているのです。

融通をきかせて、「専業主婦でも疲れて食事の支度ができないときがある。だから、今日は買ってきたおそうざいをレンジでチンしようか、それとも外食にしようか」というふうに切り替えられない。

暴力に訴える人は、言い合いになったときに、自分が押されると、「勝たなきゃいけない」と考える傾向があります。こういう話を授業ですると、「自分はＤＶではないけれども、そういう考え方にとらわれていた気がする」とか、「自分の父親がまさにそうだった」という気づきがフィードバックされました。

佐藤　知識人であっても、地の感覚はマッチョの人もいる。女は家庭のことを全て担うべきで、子どもの面倒も母親が全責任を負うべきだ、そういう考え方をする。背景には、非常にマッチョな環境で男性も女性も育ってきたことがあるのでしょう。

女性の場合、男女雇用機会均等法が施行された後に社会人になった世代だから、自己実現もしないといけない葛藤がある。夫に対しては「出世しないこのバカ夫」と肚の中で蔑んでいて、本当に殺してしまいたいほど憎悪しているとしても、かといって離婚には踏み切れない。経済的にも大変だし、世間体もよくないし、子どももいるし、と離婚できない理由は山ほどあるからです。

こうした家庭環境だと、母親は子どもを偏愛するようになることが少なくない。夫とは一言も口を利かずに、完全に無視する。自分が稼いだ金のすべてを子どものために注ぎこむ。こういう背景で、就学前教育に多額の教育費を投入している親は少なからずいると思うんです。でも、たとえプレスクールの教育プログラムが充実していたとしても、家庭に帰ってきたら寒々としている。母親は教育は投資だと考えているから、子どもからの見返りを求める。そういう親に育てられると、想定するにあまりいい結果がでないと思うんですよ。

†思想のスライドはなぜ起きるのか？

池上　話をヘックマンに戻しましょう。この本の原題は「子どもに公平なチャンスを与えること（*Giving Kids a Fair Chance*）」となっています。ヘックマンの念頭には、子ども期における貧困が社会的排除につながらないための方策を考えることがあります。

しかしながら、出版社側が日本の市場では遡及しやすいと考えたからなのでしょうか、邦訳書はなぜか『幼児教育の経済学』というタイトルが冠されている。この邦訳タイトルだと、著者の意図が読み取れない。この本の大きなメッセージは、過酷な状況に置かれた子どもを早期発見し、適切に早期介入することが、いかに社会にとってプラスになるかを訴えることにあるのですが。

佐藤　日本では、ヘックマンの理論に依拠して書かれた本がベストセラーになりました。中室牧子さんの『「学力」の経済学』（ディスカヴァー・トゥエンティワン　2015）です。ただ、残念ながら同書は、ヘックマンの念頭にあった問題意識とは完全に逆の発想から書かれているんです。著者は善意のつもりで書いているんでしょうけれど……。

池上　『「学力」の経済学』は原点からやや離れてしまった感じを受けるところがありますね。

佐藤　このズレは何なんですかね？「株や不動産と同様に、子どもを投資対象として考えましょう」というメッセージが底流にあるように私には読めます。

池上　ヘックマンの研究の出発点は、「人生のスタート地点において不利な立場にある子どもは、その後の将来にどのようにその不利を背負うのか？」をさぐることにあります。したがって、その研究の精髄は、「不条理な不利から、子どもを少しでも解放するためには何が可能なのか？」を考えた点にあります。

ところが、日本にヘックマンの学説が輸入されると、対人的資本のコストパフォーマンスの話にすり替わってしまっています。換骨奪胎され、異なる文脈のなかで理論が援用されています。

佐藤　そうした思想のスライドは、中室さんの恩師・竹中平蔵さんの影響を表層面だけで受けているからだと思います。竹中さんの専門は経済政策の分析であり、その学識を請われて小泉政権時代には財政・金融大臣の重責を兼任されたこともあります。経済理論だけでなく経済学説史にも精通しています。とりわけマルクス経済学に対する造詣は深く、その要諦をずばりつかんでいる。このことは、彼が書いた『経済古典は役に立つ』(光文社新書 2014)という学説史にある次の一節を読めばわかります。

> マルクスの予言は外れたと言える。そして、予言が実現しなかった最大の要因は、労働者が搾取され、資本の高度化が進みたくさんの失業者が出て産業予備軍を形成することはなく、したがって産業予備軍が武力化して革命を起こすという図式化には必ずしもならなかったからである。
>
> では、なぜ産業予備軍が形成されなかったのか。その一つの大きな理由は、資本の高度化が進めば進むほど、固定資本よりも労働力のほうが大事になってくるからである。
>
> 一般的には、産業の高度化といえば、資本をたくさん使うというイメージを持つ。実際、日本でも高度成長の時代までは、産業の高度化は資本集約化を意味していた。しかし、いまの日本で最も重要な資本は何かといえば、それは「人的資本」である。

地方と都市を比べてみればよくわかる。都市の産業は圧倒的に労働集約的であり、資本集約的なのはむしろ地方産業である。その意味では、マルクスが想定したような「資本の高度化→産業予備軍の形成」という変化は起こらなかったということができる。

（前掲書　85〜86ページ、傍点引用者）

すこし説明しましょう。マルクス経済学では、価値を創造するのは労働力だけだと考えます。金融資本は産業資本から利益をとってきているに過ぎない。労働力を商品化することによって資本主義が成立している。労働力が商品化されれば、そこから必ず搾取が生じ、階級がうまれる。マルクス経済学の鍵概念は「労働力の商品化」にあるのです。

このことを竹中さんは喝破している。竹中さんは、人材派遣会社「パソナグループ」の取締役会長を務め、CEOとして経営において中核的な役割を担っています。人材派遣業の基本的なビジネスモデルは労働力の販売です。マルクス『資本論』から資本主義の仕組みを学んだうえで、その学識を転換してビジネスに応用し、労働力を販売する会社を経営している。あくまで実体的な領域で利益を上げていく方向にビジネスを展開しているのです。

この意味において、彼は近代の経済学者として、労働価値説の重要性を非常によく理解しているといえます。それゆえに革命のほうに向かうのではなく、パソナの会長を務め、人間の労働力、商品売買の仲介をシステマティックに行なっている。「価値はあくまで人間の労働から生まれる」というマルクスの労働価値説をちゃんと理解しているからこそ、人材派遣会社の経営者になった。

昨今の経済ニュースでは、フィンテックなどＩＴを生かした金融技術にまぶしい光があてられることが多い。また、経済政策の議論においては、インフレターゲット論をふりかざして金融政策で経済が好転するという論陣を張る経済学者もいます。

こうした考え方とは一線を画し、竹中さんは基本的には金融などのバーチャルな因子で経済が改善するという発想をもっていないんです。実体的な労働力のみが人間の基本である――。この達観が竹中さんの経済観の根底にあるように私には思えてなりません。

竹中さんが導いた結論は、マルクスとほぼ真逆です。それと同じような「変換装置」が中室さんにも備わっている気がします。

池上　そういう意味では『「学力」の経済学』では、「人的資本に費用対効果が高いことにどのような意味があるのか？」「「学力」が身につくということは、生きるということにどのようにつながるのか？」という視点が見逃されているように感じました。ライフスタイルや人間観、人生観への洞察についてのメッセージが少ないため、統計データから得られる結論を合理的に並べているような印象を受けました。人が生まれ、育ち、働いて生きるということが心のなかでどのように体験されることなのか、そうした観点から考えることも必要ではないかと思います。

†他文化に思想が土着化すると換骨奪胎される

佐藤　とにかく怖いのは、日本的な文脈に接ぎ木されたヘックマンの理論が、子どもを投資対象として考える理論に化けてしまうことです。

　こうした懸念を抱くとき、私が想起するのは宗教の「土着化」の問題です。宗教の土着化とは、「外来宗教がひとつの文化圏に受容され、その土地の人びとの心と生活に根をおろすこと」を意味します。問題なのは、この土着化のプロセスにおいて、宗教思想が換骨奪胎されることです。その土地の人びとに固有の習俗や思想などに接ぎ木されるかたちで宗教が受容されることにより、外来宗教が本来もっていた体系性が毀損《きそん》され、思想の内容が形骸化するのです。宗教の土着化は、こうした二面性をもっています。

とりわけ日本の宗教史においては、仏教にせよキリスト教にせよ、外来宗教を受容する際に、本来の宗教思想が形骸化されることが多くみられました。日本の文化や生活様式に適応するように、教えの内容が大きく変容したのです。

同様に、ヘックマンの理論も日本に土着化する際に、本来は子どもの貧困問題を解決するための理論だったものが、人的資源の開発のための理論に変換されてしまうかもしれません。中室さんの『「学力」の経済学』を読んでみて、私はそういう危惧を覚えました。

中室さんの本の底流にある考え方は、決して戦略的な意図にもとづくものではないと思います。ご自身が思うことを率直に語られているだけでしょう。しかしながら、児童養護施設職員や児童相談所職員など、社会的養護の現場に携わる人がこの本を読んでも違和感しか残らないはずです。この本は一貫して、子どもを人的資本の一形態として、開発されるべき対象とみなして組み立てられているからです。焦点は「大人にとっての未来の資源」としての子どもにすぎない。そこには子どもを中心に考えるアプローチが欠如しているんです。

池上　そうですね。理想として目指している社会のありかたと人間観がかなり違うという印象を受けました。

†ロシアの幼児教育

佐藤　ヘックマンが主張する「幼児教育の無償化」を実際の施策として実現しようとするならば、財源の問題は避けられません。当然、財源は税収に頼らざるをえない。増税、あるいは税収の使途を見直さなければなりません。「幼児教育の無償化」のような社会民主主義的な社会保障政策を実現しようとすれば、こうした議論を必然的に伴うのです。

しかし、日本では嫌税感《けんぜいかん》、痛税感《つうぜいかん》が強く、こと増税に対しては、国民がアレルギー反応のような拒否感を示します。大平、中曽根、竹下内閣における消費税導入の歴史、その後の消費税率の引き上げをめぐる政党支持率の大きな変化など、税に関する日本の政治史を思い返せば、私たちが抱く強い嫌税感をご理解いただけると思います。

こうした税金に対する日本の拒否感は、アメリカのそれと似ています。アメリカの場合、建国の経緯がそもそも税金をめぐる問題から出発しています。個人主義と自己責任が社会に根づき、新自由主義的な価値観が支配的なアメリカは、「小さな政府」を標榜し、社会保障制度を必要十分な範囲におさえています。国民福祉を手厚くする道を選ばなかったのです。

他方、日本の国民が国家に期待する役回りはヨーロッパに近い。社会保障政策を充実させ、国家はあらゆる国民を包括的に平等に面倒をみるべきだ、という考え方をもっているように思います。

ここで不思議な矛盾が生じます。日本の社民党のように、付加価値税に反対する社会民主主義という、世界でも非常にまれにみるリベラル政党が誕生したのです。立憲民主党もそれに近いところがある。財源については一切考えずに、とにかく給付を増やせと主張する不思議な社会民主主義が生まれている。

池上 2017年秋の衆院解散を機に、日本でも幼児教育の無償化が争点化されました。

佐藤 安倍晋三首相が衆院解散の大義として掲げたのが、消費税の増収分の使途を見直すことでした。それまでは、赤字国債で賄っている社会保障費の財源の穴埋めに4・5兆円を、少子化対策などの社会保障の給付に約1・1兆円をあてる方針でした。安倍首相はこの比率を1：1に修正し、教育無償化などの「人づくり革命」に1・7兆円の増収分を振り向けることにしました。

この「人づくり革命」によって、2020年度までにすべての3〜5歳児と、住民税非課税世帯の0〜2歳児の、幼稚園・保育園を無償化することが決まりました。また、待機児童を解消するために、あらたに32万人分の受け皿の整備を急ぐことを公言しています。

池上　「幼児教育の無償化はなぜ必要なのか？」という問いを考えていくと、その答えは最終的にはヘックマンの議論にたどりつきます。ヘックマンの研究は、定見として海外では政策立案者などに共有されているのでしょうか？

佐藤　ロシアでは、ヘックマンと似たような認識が共有されているように思います。現在は資本主義化していますが、ロシアなどの旧東側諸国には遺制としてのこっている。たとえばロシアでは、ロシア人女性が2人目の子どもを産んだ場合、出産手当金として36万5698ルーブルが国から支給されます（2012年の数字）。この金額は、日本円に換算すると110万円くらいですけれど、これはロシア人の平均年収の1・5倍の金額に相当します。実質的な価値に換算すると、400万～500万円の価値があるのです。

池上　そんなに高額の出産手当が支給されるとは驚きです。2人目の子どもが生まれると、年収以上の収入を得られるわけですね。

佐藤　お金の問題だけではありません。ロシアでは、いちおう医療費が無料です。育児手当もあります。

池上　そうなると、国民の心のなかの国家観の根底のところといいますか、国に対する思いが大きくなりますね。日本人の場合は、国は何もしてくれないし、自分で何とかするしかない。日本の政治家はお金の使い方が下手なのでしょうか。

佐藤　旧ソ連圏では生後数ヵ月〜1歳ぐらいで子どもを親から離す。旧ソ連圏の場合、ミルクは無償配布されるので、母乳信仰がない。「母乳は不安定だから、ミルクで育てたい」という認識を社会で共有している。

ソビエトでは基本的にそういう考え方でしたから、ソ連崩壊後のロシアでもミルクは無償配布されています。そして、子どもたちの保育時間が長い。旧共産圏では早ければ0歳、遅くとも2歳から保育所に行きます。保育所では、10時間ぐらい子どもを預かる。子どもはそこで先生や他の子どもたちと接し、社会性を身に付けていくわけです。

しかも小学校に入る前、幼稚園でそれぞれの子の適性を見て進路を振り分ける。たとえば語学の才能があれば語学の専門学校、音楽の才能があれば音楽の専門学校、体育の才能があればスポーツの専門学校というように、小学校の段階で振り分けてしまう。ですから今でも、ロシアの教育水準は高いですよ。

世界的には完全に葬り去られているかのように見えますが、旧社会主義国には意外と共産党政権時代の教育システムが残っている。チェコやポーランド、あるいはロシアではハイテク教育が非常に進んでいる。とくにロシアの高校では文系・理系に分けないから、理数系に強いんですよ。これは10年後、日本とロシアの経済力の差として現れてくると思います。

†思春期にも人的能力を高めるプログラムを与えるべき

池上　私はヘックマンの本を読んでいて、ひとつ気になることがありました。施策として、就学前の子どもにターゲットを定めて取り組むことはきわめて妥当な方法だと思うんです。大人に近づくほど、再教育・就労プログラムをしても効果を上げるのは就学前の取り組みに比較した場合には、難しいと言われています。

しかしながら、たいていの子は思春期になってようやく自分なりの意欲を持ち、将来について考えるようになる。それまでは、そうした就学前プログラムに出会えない子もいる。ですからやはり、思春期に提供してあげることも必要だと思います。

佐藤　これはちょっと乱暴かもしれないけど、ヘックマンの説にはコンラート・ローレンツなどの動物行動学、とりわけローレンツの業績の最大のものである「刷りこみ」理論が大きく影響しているように思えます。ヘックマンの最初の着想は、そこから始まっているのではないでしょうか。

ローレンツは20世紀初頭のウィーンに生まれ、動物行動学を確立した比較行動学者です。専攻は動物学、医学、哲学など多岐にわたり、その学識は広く豊かであり、彼が打ち立てた動物行動学は21世紀の世界観に大きな影響を与えています。ニコラス・ティンバーゲン、カール・フォン・フリッシュとともに、1973年にはノーベル生理学医学賞を授与されました。

ローレンツの業績としてよく知られる「刷りこみ」理論を、彼は自らの著書で次のように定義しています。

> 個体にはその一生のうちにほんの数回起こるだけにしても、ある反応がある刺激状況へ不可逆的に固着するこの現象は、われわれが刷りこみ（Prägung）と呼ぶ……過程によってもひき起こされる。この出来事において生理学的に注目に値する事柄は、行動様式がまだまったく機能しない一時期にその行動様式の対象との連合が生ずる、それもたいていの場合は何の痕跡も残さない、ということにある。刷りこみを受ける可能性のある敏感な時期は、個々の生物体の個体発生のごく早いころにある場合が多

いし、たいていは数時間に限られるが、それでもかなり刷りこみの入れ替えがきく。しかしひとたび遂行された対象の決定は、もはや解消されえない。それゆえたとえば別な種へ性的に刷りこまれた動物は、もはやどうすることもできず永遠に《倒錯的》である。

（ローレンツ 2017 160ページ）

言い換えるならば、「刷りこみ」理論とは、個体が生まれたばかりの時期に、ある特定の物事がごく短時間で覚え込まれ、それが成長後も長時間にわたって継続する学習現象のことを意味します。ローレンツは、鳥類のガンを人工孵化して、ガチョウに育てさせようとしました。ガンの雛は親鳥のあとを追いかける習性があります。生まれたばかりのガンの雛は、最初にガチョウを見ればガチョウを親鳥と思いこんで、ガチョウの後を追いかけた。ところが、孵化したときにローレンツを見たガンは、人間（ローレンツ）を親と思いこんで、ローレンツを親と認識したというのです。

本来的には同種の仲間に向けられるはずの本能行動が、「刷りこみ」によってある別の対象に固着する。「刷りこみ」による学習課程の特徴は、若い動物の特定の発育段階と結びついていること、それから非可逆性であること、この2点にあります。固着行動を獲得した後では、まるでそれが生得的であるかのような状態になる。忘れられることがないのです。

「刷りこみ」理論は動物行動学の枠を超えて、広く人間解釈にも適用されるようになりました。

池上　困難な状況にある家庭に働きかけ、過酷な環境下にある子どもを早い段階から実親ではない適切な関わりをする大人と接触させ、安定した人間関係を構築していくための最初の土台をつくる。このことに成功すれば、その子は幼少期以降に学校で出会う教師など、他者と円滑にコミュニケーションを取っていくことができる。30年間追跡調査をしてみると、そういう子の多くは安定した生活を送っている——。佐藤先生がおっしゃるように、ヘックマンの説は「刷りこみ」理論からの影響の可能性も考えられますね。

佐藤　人間の場合、学習課程における教育の要素は非常に大きく、「刷りこみ」理論だけで説明することは難しい。ここではあえて猫の話をします。猫には生後3〜7週目に社会化期というのがあります。その期間にどういう生活をしたかがすごく重要で、そこで身に付いた性質は一生変わらない。その時に野良だった猫は、その後どんなに愛情を受けて人間に面倒を見てもらっても、なつかない。一方でその時に人間とコミュニケーションを持っていれば、人間によくなつく。あるいは、社会化期に犬と一緒にいれば、犬とは喧嘩しない。猫の場合、その社会化期に脳が発達します。

ヘックマンの本を読んでいて、大石孝雄先生（東京農業大学農学部教授）の『ネコの動物学』（東京大学出版会　2013）と非常に重なるなと思いました。遺伝ではなく、環境を重視するひと昔前の動物行動学です。

ヘックマンがどれくらい自覚しているかは別として、ローレンツ的な「刷りこみ」理論の影響は学識に広く及んでいると思います。

池上　精神分析学の愛着理論とも近い考え方ですね。愛着理論は、イギリスの児童精神科医で精神分析家であるジョン・ボウルビーによって提唱された理論です。ボウルビーは、第二次世界大戦後、ＷＨＯの精神保健コンサルタントとなり、第二次世界大戦の深刻な戦禍で、家族から離された子どもや孤児の研究を行ないました。その結果を「乳幼児の精神衛生（*Maternal Care and Mental Health*）」（１９５１年）にまとめました。そこでは、戦争により、家庭での養育を奪われた子どもたちの心の傷つきの深刻さから、子どもの心の発達には、母親と子どもとの密接な関係性と「正常な家庭生活」が重要であることを強調し、このような母子関係が欠如している状態を、母性的養育の剝奪としました。その後、ボウルビーは、精神分析理論を基礎に動物行動学やシステム理論などの考えも取り入れつつ母子関係の理論を構築し、「母子関係の理論」3部作において、愛着、分離不安、喪失反応に関する鍵となる概念を中心にまとめました。

そのなかでボウルビーは、乳児は養育者を求め、養育者と愛着すなわちアタッチメントを形成する生得的な、すなわち生まれながらそなわっている能力があると論じました。そして乳幼児が母親との愛着形式が奪われたり、脅かされる状況が続くと、その後の発達に深刻な影響を受けることがわかってきました。

現代社会における愛着理論の新たな展開としては、イギリスにおけるルーマニア孤児を対象とした「イギリス・ルーマニア人養子研究」(略称「ERA研究」)があります。1990年代、ルーマニアのチャウシェスク政権崩壊後、多くの子どもたちが孤児となり、その一部の孤児たちがイギリスの両親家庭のもとに養子として育てられました。その後の成長の継続、追跡研究で明らかになったのは、ルーマニア人養子の多くは育てのイギリス人両親とのあいだに愛着を形成することができたが、思春期になると新しい人間関係の形成で困難を示すことが多くなりました。このことをマイケル・ラターは愛着形成にはプログラミングされる感受性期があるのではないかと論考しています。

佐藤　愛着障害理論も、コンラート・ローレンツの「刷りこみ」理論と親和性が高いように思えます。

ローレンツの考え方には「種の保存」ということが含まれていました。「刷りこみ」などの行動様式もすべて「種の保存」のために進化したものだと彼は考えていた。ところが、今日の動物行動学ではこの見方は根本的に否定されています。現代の動物行動学は、ローレンツの説には見向きもしないのです。

現代では、自然淘汰は「種」に働くのではなく、「個体」に働くのであり、その結果として「種」が維持されると考えられている。ローレンツが考えた「種の保存」はないと見なされるようになっている。ライオンが自分の仲間を殺さないというのは嘘で、同種であっても遺伝子が違うものは殺す。

この転換はリチャード・ドーキンスの『利己的な遺伝子』（紀伊國屋書店　1992）に記されていて、ドーキンスのような遺伝決定論的な考え方は新自由主義と親和的だと思います。

古来よりライオンの行動は変わっていないけれど、時代の変遷とともに風潮が変わって、観察する主体が変われば、ライオンの行動の解釈も変わる。ナチスによる全体主義が強かった20世紀の前半には、動物を類として見るから同種の仲間を殺さないように見える。しかし半世紀後に、個体のデータを保存して大きくしていく新自由主義の時代になると、ドーキンスのような遺伝決定論が主流になる。

観察者側の変化によって動物行動の解釈が大きく変わることがありえる。おそらく真理はそのどちらか極端でないところにあると思うんです。

†なぜ公文式がエリート教育になったのか？

池上　幼児教育の対象年齢は多くの場合は、児童養護施設など社会的養護のもとにくる以前の時期にあたります。小学校に入学して勉強をサポートすれば学力が伸びる子どもはいいのですが、なかなか伸びない子どももいます。でも、そういう子は身体を動かしたり、いろいろな表現活動で生き生きとした自分をもっている子もいます。子どもの学力を伸ばすだけではなく、他の方法でサバイバルできる道筋をつくり、提供できるようにすることが必要です。

佐藤　私はこの年齢になってから公文式の数学の勉強を始めました。とてもよくできたシステムです。公文式で学ぶ子どもたちは、年齢や学年にこだわることなく、自分の学力にあわせた難易度の学習をします。小学校高学年であってもたし算から学習を始めることもあるし、逆に自分の学年より上の内容を学習する子どももいます。公文式では、算数の計算力をはや回しでつけていく。それと同じやり方で国語と英語も教材が整っていきました。

公文教育研究会が公表しているデータによると、公文に通う小学校3年生の6割が、自分の学年よりも先の内容を学習しているそうです。裏を返せば、公文生の4割は学年相当以下の学習をしていることになる。公文式に通っていても遅れるというのは、遅れるスパイラルに入ってしまうからだろうと推測します。

というのも、公文では宿題をやらないと先にいけないシステムになっているからです。したがって、家庭環境が整っていて、親が子どもの勉強の面倒をみる家庭であれば、公文ではどんどん先に進むことができる。逆に、親が公文に子どもの学習を丸投げし、公文に通わせてさえおけば学力が伸びると放任していたら、子どもは先にいけないわけです。

本来、公文は数学が遅れている子に対してつくった学習システムでした。しかし、いつしか学歴社会の勝者を育てるためのエリート教育に転化していった。

池上　モンテッソーリ教育も、日本に土着化してエリート教育になってしまいました。モンテッソーリ教育とは、20世紀初頭のローマで、マリア・モンテッソーリが生み出した教育方法のことです。精神科医だったモンテッソーリは、知的障害児に対して感覚教育法を施すことによって、知的水準を上げることに成功します。この教育方法を敷衍し、貧困層の健常児を対象として新たな教育を試みました。これがモンテッソーリ教育の成り立ちです。このモンテッソーリ教育が、昨今の日本では、幼児期のエリート教育に使われていま す。

佐藤 おっしゃるとおり本来は障害者教育です。モンテッソーリが、精神病で子どもを臨床していたら、彼らに独自のこだわりがあることに気づいた。今で言う自閉症スペクトラムだと思います。これを精神病棟に閉じ込めておくのはおかしい。

子どもには、生後10カ月から6歳のあいだに敏感期というものがある。この敏感期には学習が早くすすみ、あらたな能力を効率的に獲得できる。トイレトレーニングも識字能力も計算力も敏感期があるから、そのときに集中して教えればいい。

赤ちゃんが色彩に強い関心を示す時期、子どもが升目や線に興味をもつとき、それぞれの敏感期に子どもが思うようにさせる。たとえば、保育園・幼稚園の行き帰りにでも、子どもがある対象に強い執着を示したら、極力できる範囲で勝手にやらせ、自主性を徹底的に尊重する。そういう理念をモンテッソーリ教育はもっています。

クラス編成も特徴的です。同学年でまとめずに、年齢が2〜3歳異なる子どもたちをまとめて、異年齢間で相互に教えあう形になっています。

池上 非認知的スキルを伸ばすためのトレーニングは、具体的にどのように行なわれているのでしょうか？

佐藤 たとえば、子ども同士が玩具を取り合っている状況があるとします。そのとき先生は、「相手の気持ちになって考えたらどうなるのかな？」と質問をする。モンテッソーリ・スクールの特徴は、「私は玩具を2つもっている必然性がある」と論理を組み立てることができたら、仮に1人の子が2つの玩具をとっても、それでOKなんです。

必ずしも横並びがいいとは考えないわけです。なにゆえに自分はそうする必要があるのか、相手の主張を聞いて折り合いをつける。徹底的に話をして言葉によって説明する。いろんな民族の子どももがいる。認知的に遅れている子どももいる。それが社会である。力のあるものは、力のないものを援助するのが当たり前なんだ——。こうした「刷りこみ」を幼少期に行なうわけです。こうした教育方法が非認知能力を伸ばすことに役立っています。

むろん必要なときには教師が介入します。弁が立つからといって、玩具を独り占めにしている子どもがいたら、「あなたが逆だったらどう思うかな？」と問いかける。相手の立場になって考えるように促すのです。

共感力をもつ、人の気持ちになってやりすぎない、弁が立つようにしておく。これがエリート教育に通じているのです。

格差社会の本質を理解するための本

ジェームズ・J・ヘックマン
『幼児教育の経済学』
東洋経済新報社

2000年にノーベル経済学賞を受賞した労働経済学者による書。実証分析に基づき、幼児期における教育政策の重要性を問う。この本のなかでヘックマンがその重要性を指摘している「非認知的スキル」は、日本でも社会的に注目されている。

竹中平蔵
『経済古典は役に立つ』
光文社新書

小泉政権時代に入閣した経験をもつ異能の経済学者・竹中氏による経済学説史。スミス、ケインズ、シュンペーターなど、名だたる経済学者の思考の核心をずばり解説。とりわけマルクス経済学に対する造詣の深さがうかがえる興味深い一冊。

第3章 子どもの貧困

†社会的養育ビジョンの衝撃

佐藤　本論に入る前に、まず基本的なことを確認させてください。日本において社会的養護のもとにある子どもは何人いるのでしょうか？

池上　社会的養護の子どもは4万5000人です（2017年3月末現在）。そのうち約3万8000人が施設養護の子どもです。

佐藤　その違いはどこにあるのですか？

池上　まず社会的養護という大枠があり、そのなかに家庭養護と施設養護の2種類があります。家庭養護は里親（含むファミリーホーム）と特別養子縁組、それ以外は施設養護にわけられます。

佐藤　施設養護が3・8万人で、家庭養護が約7000人。里親・特別養子縁組のもとで育つ子どもの数は、現在、約7000人しかいないのですね。

池上　そうです。家庭養護の内訳をみると、里親養育のもとにある子どもは約5200人で、里親への委託率は全国平均で18・3％です（2016年末）。ただし、地域により、委託率には大きな違いがあるのが現状です。

佐藤　逆算すると、特別養子縁組の子どもは2000人になる。

池上　累積して2000人ぐらいですね。縁組が成立する件数は、多い年でも日本全国で約500件です。

佐藤　日本では実親といっしょに暮らせない子どもの87％が施設で暮らしてきたのであり、社会的養護においては施設養護が長らく主流であった――。このような理解でよろしいでしょうか？

池上　そうです。しかしながら、これまでのあり方にいま転換が迫られています。2017年夏に、厚生労働省は「新しい社会的養育ビジョン」（以下、「新ビジョン」）を発表し、これまでの施設養護中心であった社会的養護のあり方を大きく変えようとしています。

厚労省の検討会がまとめた「新ビジョン」は、原則として里親委託を進めることを柱としています。具体的には、児童養護施設の滞在期間を短期間に限定し（乳幼児で数ヵ月以内、学童期以降で1年以内）、児童養護施設が担ってきた社会的な機能を大きく変更し、里親などの家庭養護の比率を高めようとしています。

とはいえ、家庭養護を推進するといっても、現状の委託率は全国平均で18・3％ですから、実現のハードルはなかなか高いと思われます。

2016年の児童福祉法改正により、「基本的に、児童相談所が家庭養護を推進していく。とくに里親と特別養子縁組がこれからの家庭養護だ」という方針が打ち出されたわけですが、現状の児童相談所の体制でどのように対応が可能なのか、児童福祉行政の現場では懸念されているようです。

佐藤 児童相談所の職員は「今、ここ」で親から危害を加えられている子どもの生命を守らなければなりません。このような現状のなかで、児童相談所の職員の仕事のプライオリティをつけていくと、とてもじゃないけど里親や特別養子縁組などの家庭養護まで十分には手が回らないと思います。

†可視化されない理由は「数が少なすぎるから」

佐藤 これは逆説かもしれませんが、社会的養護の最大の問題は、その「数」が少なすぎることです。もし仮に、社会的養護の子どもの数が46万人だとしたら、彼・彼女らの保護が義務として社会では受け止められ、社会的養護の子どもの存在が可視化するでしょう。しかし、現行のシステムで数では4万5000人に抑えられています。これだと「社会的養護の存在は目をつぶっていても問題ない」というふうに社会で受け止められ、彼・彼女らの存在は不可視化されたままにとどまりかねません。

池上　数は少ないけれども、社会的養護のもとにいる子どもたちを取り巻く状況は、ある意味で日本社会が抱える課題の縮図だと思います。

佐藤　そういう子どもたちを保護するシステムが社会にあること、それこそが社会の強みです。

ここで「数」という観点から話を敷衍してみます。アイヌと沖縄人には大きな違いがあります。アイヌに対しては、日本政府は北海道旧土人保護法により、保護同化的な政策を取ってきました（この法律は1997年、アイヌ文化振興法の施行に伴い廃止された）。近年、国会で先住民族の権利問題が前景化し、政府もこの問題の重要性を認めていますが、アイヌの権利保全に関しては政府の施策は不十分です。

一方で沖縄では、現地の人々の間で「我々は先住民族だ」というアイデンティティがそれほど高揚しているわけではないにもかかわらず、沖縄人の数が140万人もいるから声が大きくなり、権限も強くなる。もしも沖縄人の数が10分の1の14万人だとしたら、現状のような異議申し立て運動はできないはずです。

†貧困状態にある子どもの潜在的な数は300万人？

佐藤　社会的養護のもとにある子どもの数は4万6000人ということですが、これは「子どもの貧困」における氷山の一角のように思えます。その背後には、社会的養護の庇護は及んでいないけれども、支援を必要としている子どもが隠れているように思えてなりません。そうした潜在的な子どもの数はいったいどれくらいなのでしょうか？

池上　第1章でも述べましたとおり、厚生労働省の統計によると、日本における「子どもの相対的貧困率」は16・3％（0－17歳、2012年値）とされています。この数値を人数に換算すると、0〜17歳人口のうち、約328万人が相対的貧困の状態にあることになります。

さきほど社会的養護のもとにある子どもが4万6000人と述べました。この数に比べると、328万人という人数がもつ意味がいかに深刻であるか、がおわかりいただけると思います。

佐藤　328万人……。言葉を失うばかりです。ともかく、日本における「子どもの貧困」の裾野の広さをおさえたうえで、次の論点に移りたいと思います。

†スタイン『英国のリービングケア』を読む

佐藤　池上先生が翻訳されたマイク・スタイン『英国のリービングケア制度と実践』（池上和子訳、福村出版　2015　以下『英国のリービングケア』）はとても良い本ですね。

池上　ありがとうございます。この本には、社会的養護から自立しなければいけない若者について、何をどう考えていくべきか、多岐にわたり実証をふまえて、理路整然と書かれています。制度・政策の本質がよくおさえられていると思います。

著者のマイク・スタインは、イギリスを代表するソーシャルワーカーであり社会福祉研究者で、30年以上にわたって社会的養護から巣立つ若者の支援と調査を行なってきた人です。イギリスにおいて政府、地方自治体、第三者機関で社会的養護に関する諮問委員として携わると同時に、イギリスのみならず国際的な舞台でもその知見を請われて活躍されています。

本書は、そのスタインが積み重ねてきた調査研究の知見がまとめられています。社会的養護のもとで育った若者が大人として自立するための移行期の問題を、包括的かつ多元的に論じています。

全体は3部から構成され、第1部「状況を整えていくこと」では、現代イギリスの社会的養護政策について整理しています。第2部「成人期への道のり」では、社会的養護のもとにある若者が成人するまでの道のりを、「住まいの確保」「里親などのケアラーとの関係」「ホームレス化の問題」などの観点から論じています。第3部「結論」では、心理学で注目されている「レジリアンス」という概念を用いて、社会的養護のなかで暮らしてきた若者が社会参加するための枠組みを提案しています。

とりわけ本書の特徴ともいえるのが、イギリスにおける社会的養護に関する制度や政策の歴史的な変遷を整理し、さまざまな実践から得られた支援のニーズを具体的に示している点です。スタインの長年の経験に裏づけられた深い洞察に満ちた内容であり、日本の児童福祉や社会的養護に関わる人にとって、今後の社会的養護の方向性を考えるうえで非常に示唆に富んだ内容をもつ書物だと思います。

以下、順を追って解説していきますが、まず、本書の第1部の内容をかいつまんでお話ししながら、イギリスにおける近年の子どもの貧困対策について概観しておきましょう。

†イギリスの社会的養護政策

池上　1997年にイギリスで政権に就いた労働党は、子どもの貧困を政治的に大きな論点として俎上に載せました。とりわけ1999年に、首相のトニー・ブレアが「2020年までに子どもの貧困をなくす」という政策目標を掲げると、国家予算を投じて改革に本腰をいれるようになりました。財務大臣のゴードン・ブラウンが、実現のための里程標を示し、2004年までに子どもの貧困を4分の3に、2010年までに2分の1に減らすことを公言し、解決に向けて強い意欲を示しました。

当時の労働党政権においては、財務省がイニシアティブをとって子どもの貧困政策をすすめたため、財政支出をともなう給付を厭いませんでした。

佐藤　ブレア政権のときの財務省は、給付に対して寛容であったことに驚きます。珍しいケースですね。どこの国でも財務省という組織は、たいてい財政均衡を一義的に重視します（この傾向は日本の財務省も同様です）。財務省は財政の逼迫を強調し、給付水準を抑制して自己負担の拡大をもとめる傾向があります。

池上　その点、ブレア政権は財務省を貧困対策の「味方に」つけていたので、省庁の垣根を越えて横断的に子どもの貧困に取り組めたといわれています。

こうした流れのなかで、2000年に児童法（リービングケア法）が導入されました。

この法律の主な目的は、若者が社会的養護を離れて独り立ちするための準備が整うまで、社会的養護からの移行を遅らせ、その支援を提供することにありました。

この導入により生じた変化として2点が指摘されています。ひとつは、自由度の高い財源がもたらされ、より充実した予算事業が可能になったこと。もうひとつは、健康やメンタルヘルスなどの専門家が関わることが可能になったことです。具体的には、若者が社会的養護のもとにある「若者」から「大人」へと移行する際に、住居、教育、仕事、金銭管理、健康など、社会にでれば必要とされるさまざまな事柄について、専門家が相談にのりアドバイスをするという形をとっています。専門家が関わることで、リービングケアワーカーなど専門的なケースワーカーが法的権限の実施に集中できるようになりました。

2003年には、『どの子も大切』(*Every Child Matters*)という緑書(政府刊行物)が公刊され、いかなる背景または環境であれ、すべての子どもと若者にもたらすべき標準的な成果が示されました。健康であること、安全であること、愉しむことと目標を達成すること、経済的な厚生を達成することなどが、すべての若者に約束されるべきであると公言されたのです。

さらに2006年、イギリス政府は『養護問題——養護にある児童と若者の生活を変えること』（*Care Matters: Transforming the Lives of Children and Young People in Care,* *Department for Education and Skills* 2006）という緑書を刊行しました。この背景には、社会的養護のもとで暮らす子どもと養護を離れた若者のキャリア水準が低いままにとどまっていることに対する強い問題意識がありました。これらの書で述べられた主要な提言が、やがて実施されることになります。社会的養護から自立する若者を支援する制度的な枠組みづくりへと発展する契機となったのです。

佐藤　1997〜2010年までのイギリスの労働党政権について補足しておきましょう。1997年、ブレアが、新自由主義でも社会民主主義でもない「第三の道」を掲げて首相に当選します。そして、社会的養護の支援などをはじめとする公共サービスの改善を訴えて政権を発足させます。

ただし、ブレア政権は、首相ひとりを中核とする一極集中の権力構造ではありませんでした。ゴードン・ブラウン財務大臣というもうひとつの中核をもち、ブレア首相とブラウン財務大臣という二人の牽引役に率いられた二極構造だったのです。

当初、ブレアとブラウンの二人は「政治的双子」と形容されるような政治的な親和性をもっていました。しかし、イギリスのユーロ導入などをめぐって、やがて両者の関係が緊張したものに転じて、抜き差しならない状況に陥ります。政権内部での鞘当てが目立つようになり、ブレア政権は機能不全に陥ることになります。

こうした権力闘争の結果、2007年にブレア首相が退陣し、代わってブラウンが首相に就任しました。しかし、こんどはブラウン政権がブレア派からの圧力を受けつづけることになったのです。

2010年の総選挙で労働党は敗北し、政権の座を明け渡すことになります。その結果、デイヴィッド・キャメロンの保守党と自由民主党の連立政権が誕生します。

池上 1997年から2010年までの労働党政権にとって、子どもの貧困対策は、まさしくレゾンデートルともいえるような重要なテーマでありつづけました。児童手当の拡充が図られ、とくに幼い子どもを対象とした新たな児童手当がつくられました。

しかし、2010年に連立政権が誕生すると、子どもの貧困対策は後景に退きます。その背景には、イギリスの経済情勢が悪化し、連立政権は財政赤字の削減を優先的にすすめたことがあります。当然のごとく、社会保障費が削られ、低所得者層への給付が減っていきました。連立政権につづく保守党政権においても、イギリスでは緊縮財政がとられます。その結果、社会的養護をはじめとする社会保障制度が疲弊していきます。

こうしたイギリスの社会的変化を記したすぐれたルポルタージュとして、ブレイディみかこ『子どもたちの階級闘争』(みすず書房　2017)を挙げておきたいと思います。

著者のブレイディみかこは、イギリス在住の保育士です。労働党政権期の2008年に、社会的に困難な層が暮らす地域の託児所でまずボランティアとして働き、貧しいけれども明るく暮らす子どもや親たちとの出会いをつうじて得た、厳しくも繊細な経験をつづっています。彼女は、いったん離職した後、保守党政権期の2015〜16年にふたたび同じ託児所で勤めますが、そこでみた託児所の風景は一変していたと言います。

英国の五月の総選挙でふたたび勝利した保守党が、二〇一〇年に政権を握って以来、政策の柱の一つにしてきたのが福祉制度の見直しだった。つまり、ブレアやブラウンの労働党政権時代には手厚く(わりと簡単に)給付されていた生活保護や失業保険を、保守党は積極的にカットしたのである。これは生活保護をもらっている人々のほうが最低保証賃金に近い金額で勤労している人々よりも収入が高いという問題や、子だくさんのシングルマザーが潤沢な生活保護と育児補助金で海外旅行をしたり、高価な整形手術を受けているというようなことがタブロイド紙でセンセーショナルに報道されて、生活保護受給者バッシングの風潮が高まっていたからだ。緊縮はけっしてポピュラーな政策ではない。が、保守党政権は生活保護受給者の締めつけを派手に行うことによって支持率を維持しようとしたのだ。

この影響をモロに受けたのが底辺託児所に集まっていた人々だった。

（前掲書　16ページ）

佐藤　ブレイディみかこが指摘するように、保守党政権がすすめた緊縮政策により、社会の底辺で暮らす人々を支援する制度や施設への投資が大幅にカットされたのです。

福祉に関しては、つねにモラルハザードの問題があります。逸脱した事例に焦点をあてて、プリズムにかけてそれを大きく見せるのが、大衆紙の特徴です。納税者は「ただ乗りは許せない」と反発する。その結果、世論の後押しを受けて政府は福祉予算を削減することができるようになる。

†行政のプライオリティは「生命→身体→財産」

池上　今のお話から展開して話をマイク・スタインの『英国のリービングケア』の議論に

ついて考えてみたいと思います。第2部「成人期への道のり」では、養護施設および里親家族を離れる若者が直面する問題について論じています。実親のもとで暮らす多くの若者は二十代半ばか後半に親元から離れますが、社会的養護のもとで暮らす若者は16〜17歳の段階で、養護を離れるように促されることが多いそうです。これは容易に想像できることですが、十代の若者が経済的にも精神的にも自立した生活を送ることはきわめて困難です。

スタインは実証的な調査と長年の洞察にもとづき、養護施設および里親家族から巣立つ若者が抱える課題をいくつかに類型化して、その解決の方法を第2部で具体的に論じています。それらの類型のなかで、とくに重要と思われるのは、「住まいの確保」「ホームレス化の問題」「教育の継続的な提供」の3点です。

佐藤　まず「住まいの確保」が挙げられている点に、スタインの見識が裏づけられていると思います。ここでの優先順位は、「生命→身体」という順番になりますね。まずは生命の危機を救い、その次の段階として身体に危害が及ぶことを防ぐ。そのため、生活の保障・確保、将来性の確保は後回しになりがちです。

こうした優先順位は、多くの行政組織に共通している基準だと思います。たとえば日本の警察の基準は「生命→身体→財産」です。これは乱暴な喩えかもしれませんが、もしも殺人犯、強盗犯、窃盗犯の3人を検挙しなければならないとするならば、警察はまず殺人犯を逮捕するべく捜査します。日本の警察の検挙率は、生命に関する殺人や強姦などの事件については9割以上、身体に関する暴行や傷害などの粗暴事件についても8割以上と高い。しかしながら、窃盗犯については検挙率は3割という低い水準にとどまっています。警察には、「生命→身体→財産」というプライオリティがあるからです。

社会的養護に行政が関与すれば、この序列が如実に反映されることは当然の帰結だと思います。

池上　スタインの調査によれば、社会的養護のもとで暮らす若者は「18歳で里親のもとを離れるのは早すぎる」と感じており、金銭管理と家事を含んだ住居の管理のための援助を望んでいると多くが考えています。裏返せば、アイデンティティを探求するために「ゆっくり考える」機会をもつ準備期間が不足しているということになります。社会的養護のもとにある若者は、「ゆるやかな自立」を経験する機会をもてない状況があります。

また、里親を離れた若者の3分の1が、6カ月後から24カ月後のどこかの時期でホームレスを経験したことがあるとの調査結果も示されています。

佐藤　3割以上の若者が、里親のもとを離れて2年以内に路上で暮らさなければならないとは驚くばかりです。

池上　また、スタインの追跡調査によって、社会的養護出身者がホームレスに陥ったり、そこから脱却するにはパターンがあることが判明しました。養護出身者はたとえ緊急事態に陥ったとしても、ホームレス・ホステルや避難所などに宿泊することを避ける傾向があります。そのため、彼・彼女らは友人宅に転がり込み、ソファや床を寝床として緊急事態をやり過ごすそうです。

犯罪の多い「荒廃した地域」で仮住まいを繰り返していれば、麻薬取引や売春、強盗の被害者になることも生じやすいでしょう。移民社会のイギリスでは、非白人や少数民族出身の若者も少なくなく、彼・彼女たちは「治安が悪い」とされる多民族居住地域における夜間外出で身の危険を経験していることも調査結果より実証されています。

こうした調査から導かれる示唆はひとつしかありません。「社会的養護を離れる若者が切実に求めているのは、安全で安心な住まいで長期的に暮らすこと」なのです。

佐藤　住まいの問題を考えるときに参照すべき本として、『監獄の誕生』（ミシェル・フーコー著、田村俶訳、新潮社　1977）を挙げておきたいと思います。有名な「パノプティコン（Panopticon）」のようなものの危険に対する認識もすごく重要だと思うんですよ。パノプティコンとは、英国の哲学者であるジェレミー・ベンサムが考案した円形の監獄のことで、中心には監視塔がある。その周りを囲むように独房が配されていて、囚人はつねに看守の監視下にあることを意識し、そのようにふるまうことを意図して建てられています。フーコーは、このパノプティコンを近代の管理社会の起源とみなし、『監獄の誕生』で展開しました。つまり、パノプティコン的な構造とは「いつも見られている構造」であり、いつも見られていることを想像するから、「見られていることを前提に行動する」ことになる。これは寮生活や軍隊生活においても、管理する側の基本的な発想です。

しかしながら、人間的な生活を送るためには、プライベートな空間や、他者から見られていない領域をもつことがけっこう重要なんですよね。こうした領域をどう確保するのか。寮の中にいても、軍隊の中にいても、自分の領域は確保できる。それで大きいのは読書ができる場だと思うんですよ。

†教育こそが道をひらく

池上　イギリスでは、社会的養護の子どもと一般の子どもとの間には学力格差があることも大きな問題となっています。近年、社会的養護の子どもの学力は向上しているといわれますが、その格差は縮小しておりません。こうした学力格差の原因は複雑であり、社会的養護の子どものライフコースを包括的に理解することの必要性をスタインは指摘しています。

社会的養護の子どもたちの教育水準を向上させていくために、イギリスでは1997年より、個別教育計画、大学のプロジェクトと協働した学習支援などのさまざまな方策がとられています。こうした諸策は一定の肯定的な効果をあげていると報告されています。

とはいえ、養護出身の多くの若者は公営の低価格賃貸住宅に独立して暮らし、財政支援を受けながら、パートタイムで仕事をしています。継続的な教育や高等教育からは、学校段階を終えた後はごくわずかな支援しか受けられていない、あるいはほとんど援助がないという経験をしており、一般の若者に比べて、教育が不十分な状況に甘んじている若者が少なくありません。

また、スタインの調査研究では、若者の大半は乏しい教育、虐待など問題の多い養育背景を経験しているといいます。にもかかわらず、「彼らの大部分は自らを熱心な学習者として明確な自覚を持ち続けることができていた。彼らは自分の教育生活の次の段階に進むことを心待ちにしていた」そうです。

こうした調査結果をふまえるならば、養護出身の若者に継続的な教育機会を提供し、良好なキャリアをかたちづくるための支援を積極的に進めていくことが重要であることがわかります。その際、支援者による励まし、養護を離れた後にあまり移動せずに一所に定着して生活を営むことの重要性をスタインは指摘しています。

†子どもの「物語」に寄り添うことが大切

佐藤 池上先生のお話をうかがいながら私が考えたことは、「誰もが子どもの時の物語を持っている」ということです。社会的養護のなかで、どうすれば子どもに普遍的な物語を持たせることができるのか――。実現はなかなか難しいと思いますが、大人たちは、子どもが物語をつくる能力を身に付けるプロセスに根気よく付き合うことが求められているように思います。

池上 大人がやらなければならないことがあるとするならば、それは子どもの話に耳を傾け、彼らが語る物語に寄り添うことだと思います。

佐藤 でも、それを社会的養護の現場で実現するためにはマンパワーの問題があります。やはり、大人一人が数十人もの子どもを受け持つことはできませんから。

池上　実親と一緒に育つことができた人々は、人生の節目でそういう経験をしてきたと思います。しかし、児童養護施設で育った子どもたちあるいは里親など社会的養護で育った場合、他人に触れられたくない時期、あるいは自分で直視したくない時期があるかもしれない。そういうデリケートな部分に配慮しつつ、彼・彼女らに寄り添っていかねばなりません。

佐藤　理屈としてはわかっていても、それを実践することは難しいですね。というのも、子どもの心は短絡的に理解することができないからです。もしも仮に、子どもがご飯を食べようとしないときがあったとします。大人が無理やりに「食べなさい」と言いきかせても、子どもは反発してご飯を食べず、フォークを投げてしまうでしょう。でも彼らは、そうした行動をとったとしても、本心では食べたがっていることもある。

　子どもの心に寄り添うというのは本当に大変なことで、そこにはいろんな寄り添い方があるのです。

†「父親」の不在――自立には「物語」が必要である

池上　佐藤先生はつねづね「インテリジェンスには必ず物語がある」とおっしゃっていま

す。それは心理療法の症例研究・事例研究にも当てはまることだと思います。「わかっていること」と「わからないこと」の両方が混在している場合、普通は「わかっている」ことから事例を組み立てます。そしてより経験を積んだ段階になると、わかっていること、すなわち顕在化していることと、この段階でわかっていないこと、すなわち暗在化していることはなにかを検討します。とくにこの段階で暗在化しているということは、何を意味しているかを考えます。そういう意味では、養護施設の子どもたちの場合、むしろ「わからないこと」を拠り所として組み立てていったほうが良いと感じています。

施設の子どもたちの場合、成育歴がはっきりわからない。とりわけ自身の父親については、ほとんど情報がない。これが大きな問題です。

社会的養護のもとで育った子どもが自立するとき、実務的スキルとしては学歴が必要になるのかもしれない。でも生きる基盤として最も必要なものは、「自分の生い立ちには物語がある」ことについて向かい合い、受け止めていくことがあります。

この物語をつくるとき、どうしたって秘密のヴェールで隠された「わからないこと」にぶち当たります。この問題に真正面から向き合うときに必要なのは理屈ではありません。心理療法的な心のなかの作業であり、また、魂の部分を担う宗教的な力なのではないかと考えています。

佐藤　キリスト教では、次のように考えます。「人間はセックスをしたから生まれてきたのではなく、神様がそこで男と女をめぐり合わせたから生まれてきた。つまり、あなたの命は神様からもらったものなんだ」。子どもの時から、こうした教えを信徒に刷りこむわけです。これはすごく大きな意味を持ちますよね。

とくにキリスト教の場合、イエス・キリストにも父親はいない。父親は神様ですから。そういう物語の刷りこみがあるわけです。

物語を受け止める力を身に付けるためには、やはり教育・教養が必要になってきますよね。

池上　おっしゃるとおりだと思います。ただこれまでの話でもテーマになりましたようにとくに幼い時期は、生まれ育った家庭環境の影響が強いので難しい課題がありますね。社会的養護の子どもたちに最も必要なケア・支援は、その人自身が自分の生い立ち、自分についての物語を受け止められるように共に向かい合い、サポートすることだと思います。

†自立を助ける「メンター」が鍵を握る

佐藤　そのとき必要になるのは「メンター（助言者）」の存在です。私が考えるメンターとは、「家族ではないけれど、家族のような役割を果たせる人」のことです。社会的養護出身の若者にとっては、メンターは養護施設の職員であることが多いかもしれませんが、必ずしもそうである必要はありません。「信頼できる年上の人」とゆるい紐帯でつながり、語らうだけでも良いのです。そうすることで人生の歓喜を分かち合い、苦難を乗り越えることができると思います。

そのために必要な手だてを具体的に考えるならば、端的にいえば、施設内・施設外のコミュニケーションを強化していくしかないと思います。こうした問題に大学生に関心を持ってもらうために、在学中に研修に参加してもらうなどの諸策が考えられます。

社会のなかにこうしたプログラムをきちんと組み込んでいくことが、社会的養護を離れる若者が自立するためには重要になっていくかもしれませんね。

池上　大学生のなかには、教育・法学・医療の分野で社会に貢献したいと考える志の高い学生が増えてきているという手応えを感じています。彼・彼女たちに「社会貢献するのならば、社会的養護に関わる道を選ぶ」という選択肢があることをまず知ってもらうことに意義があり、社会にとっても必要です。

佐藤　たしかに社会的養護の認知を高めることは重要だと思います。

†困難に打ち克つための「心の食べ物」——親密な人間関係、教育、自分の心の中、仕事

池上　メンターとの語らいによってアイデンティティの探求・確立が可能になるというご指摘は重要だと思います。この文脈でご紹介したい本があります。それは、『トーキング・キュア』（デビッド・テイラー著、木部則雄・長沼佐代子・浅沼由美子訳、金剛出版2013）という本です。著者のデビッド・テイラーは、心に問題を抱えている人々の治療を行なう専門機関に所属しているセラピストです。

本書の第11章は「こころの食べ物」となっています。QOLを高めるためには、身体的な栄養だけではなく、心に栄養を与えてくれる日常生活や人間関係から受ける刺激が必要であることを説いています。子どもの時に情緒的な剝奪を経験すると、成長に必要な心の栄養を取り入れられず、成長が阻害されることを指摘しています。

テイラーは心の栄養源として4種類を論じています。まず1つ目は、いちばん身近な人

間との安定した親密な関係です。恋人、家族、友だちなどとのコミュニケーションを通じて、互いに誠実であるという安心感を得られる。2つ目は教育。「音楽、芸術、文学、演劇、舞踏や映画は、より遮断された（自閉的な）、そして自己に囚われた（自己愛的な）ころの状態にまで侵入してきます。それらは、……人を外界との関係へ引き入れてくれる」のです。3つ目は自分自身の心の中です。心の中では夢を見たり想像したりするわけですが、それを使って外の人間とつながることができます。そして4つ目は仕事です。仕事をすれば社会とつながり、経済的に利益を得ることができるのみならず、自分が生きている意味を知ることもできる。そこで評価されれば、尊厳を持つことができる。しかし仕事を失えば経済的に困るだけでなく、自分のよりどころも失うことになります。

じつはこの本は、イギリスの国営放送BBCで放送された「精神分析の現代社会への寄与」というプログラムをもとにして執筆されています。「まえがき」には、本書の叩き台となったBBCのプログラムは、事故や病気、情緒的葛藤など人々が人生のなかで出会う普遍的な困難に対し、語りによる治療をどのように行なうべきかを解説することに主眼があったと記されています。イギリスは国営放送を使って、国民の啓発をなかなか上手にやっていることに感心しました。

佐藤　他国では、テロ対策においても同じような広報が行なわれています。たとえば「スプークス（スパイを指す隠語）」というBBCのテレビドラマ番組では、敵国のスパイがやってきて、市民の生活の中に何気なく溶け込んでいく。それによって、大変な事件が起きたりする。そういうふうにドラマ仕立てにして国民を啓蒙・啓発し、外部のテロに対する意識を高める。国によっては、そういう取り組みをしているところもあります。

池上　日本でも、子ども食堂のように目に見える栄養を提供するだけでなく、『トーキング・キュア』で述べられているような「目に見えない栄養すなわち心の栄養」をいかにして子どもへ提供していくかを、今、真剣に考えることが必要な状況になりつつあると思います。

†社会保障制度のゆくえ

佐藤　ここまでのお話で、社会的養護を終えた人たち（イギリスだと主に里親から自立した人たち）は、非常に傷つきやすい存在であることがうかがえました。2年以内にホームレスになるリスクも高い。こうした若者を支援するための社会保障が必要とされているわけですが、その制度設計を行なうときに重要なことがあります。それは、社会保障の制度設計を普遍主義にもとづいて構想するのか、それとも選別主義に依って立案するのか、ということです。スタインはこの点について、つぎのように論じています。

良質の養護を経験すること、そして成人期への道のりが充分に準備され支援されることにより、彼らは自立でき、情緒的に孤立したり道を外れたりすることなく、首尾よく養護から「前進」し、「ふつうの」あるいは「普遍的な」アイデンティティを確立することが可能となる。（前掲書　190ページ）

スタインのこの本のキーワードは、普遍的ということだと思います。普遍主義と選別主義についての詳しい説明は次の章で行ないますので、ここでは、普遍主義とは「すべての人々を社会保障の対象とする考え方」、選別主義とは「一部の困窮層だけを社会保障の対象とする考え方」とだけ簡単に説明しておきます。

社会保障制度における普遍主義と選別主義について、池上先生はどう考えられますか。

池上　この問題はとてもデリケートであり、かつとても重要な問題です。どの視点から問題を捉えるのかによると思います。イギリスは今のところ、考えられる限りで両者を組み合わせてよく取り組んでいると思います。

佐藤　この問題に対する私の基本的な考え方はこうです。時代状況が悪いときは普遍主義にもとづくべきであり、逆に時代状況が良くて社会に余裕があるときには選別主義をとるべきだと思います。

ところが、2010年代のイギリスや現今の日本では、まったく逆に行なわれています。時代状況が悪くなると、「満たされている階層にまで社会保障の対象をひろげる必要はない」という声が大きくなり、選別主義になってしまう。一方、時代状況がよくなって財政に余裕が生まれてくると普遍主義になる。こうした逆ベクトルがある気がします。

現代の社会的養護の制度設計については、もちろんベストミックスでやらないといけないけれども、前提となる考え方は普遍主義にあると考えています。

†「レジリアンス」の力

池上　『英国のリービングケア』の第3部で、スタインは普遍主義と選別主義について議論をすすめ、これらの概念を用いて、養護からの移行期にある若者の支援のあり方を検討しています。

結論からいうと、スタインは普遍的サービスと選別的サービスのバランスを重視しています。社会的排除のリスクが高い移行期の若者に対しては、普遍的サービスによって、すみやかに機会獲得につながる支援を提供することはもとより重要です。しかし、普遍的サービスだけでは彼らのニーズには応えられない。それほど彼・彼女らが背負っている社会的不利は複雑であり、成育過程で負った心の傷は深いからです。養護出身の若者に対しては、縦割り行政の垣根を越え、積極的な優遇措置を講じる必要を根拠をもって強く論じています。

こうした議論をふまえたうえで、スタインは最後に「レジリアンス」という枠組みを示し、それを強化することによって、養護から巣立つ若者の支援を促進することを提言しています。

「レジリアンス」とは、本書のなかで次のように定義されています。

> レジリアンスとは、若者がそれまで受けてきたであろう不利な背景や様々な問題あるいは逆境そして経験してきたであろう重圧にもかかわらず、自らの人生の目標を達成することを可能にする特質、と定義することができる。（前掲書　179ページ）

わかりやすく言うと、「逆境に打ち克つ精神的な抵抗力と回復力」と言い換えることができるでしょう。

佐藤 精神と身体の健康を保ちながら社会をサバイブするためには、とても重要なメンタリティだと思います。

池上 精神医学の研究では、このレジリアンスを培うためには、子どもが成長する過程で、次のような条件を満たすことが必要だといわれています。①無条件に支持してくれる親あるいは親の代替となる人との安全な愛着、②肯定的な学校生活の経験、③計画を立て、自制できる感覚、④子ども期に高い知能をもっていること、⑤ポジティブな仲間の影響があること、などです。

こうした条件を社会的養護から離れる若者に当てはめて考えるならば、彼・彼女らにとって決定的に重要なのは、①養護施設職員や里親などの支援者との情緒的なつながりのある関係性、②安心感をもたらす安定した生活環境、の2点だとスタインは指摘しています。こうした環境のなかで暮らすことにより、若者は自尊心を高め、肯定的なアイデンティティの感覚を発達させることが可能になるのです。

佐藤 ということは、レジリアンスを高めるためには、『英国のリービングケア』の第2部で述べられた「住まいの確保」などを解決することが十分条件だということになりますね。

†養子縁組の現実

佐藤 ここまではスタインの『英国のリービングケア』を読み解きながら、子どもの貧困をめぐる論点のひとつである、「社会的養護を離れる若者が直面する問題」について考えてきました。ここからは、議論の切り口をすこし変えて、日本の家庭養護の問題について議論したいと思います。

家庭養護とは特別養子縁組・里親のことです。ひと昔前の日本では、次のようなケースが多かったと思います。たとえば、不倫関係にある男女のあいだに望まれない赤ちゃんが生まれた。他方、ある夫婦は子どもを望んでいるのに妊娠しない。この両者の境遇を把握している第三者がいる場合、前者の赤ちゃんを後者の夫婦のあいだに生まれた子どもとして、出生届を役所に提出するよう斡旋する。こうしたことが実際に行なわれていたのです。

こうしたケースを裏づける事件が1970年代に生じました。菊田昇という産婦人科医師による「赤ちゃん斡旋事件」です。菊田医師は産婦人科医として「中絶」に対しての葛藤を抱えていました。やがて、ある確信に到達します。たとえ望まれない妊娠であったとしても、中絶を正当化することはできず、赤ちゃんにも生まれる権利があると考えるようになった。そこで菊田医師は、中絶を女性に思いとどまらせる一方で、地元の新聞に養親を求める広告を出稿し、母親から望まれない赤ちゃんを、不妊に悩む夫婦に斡旋した。当時は特別養子縁組に相当する制度が法的に整っていなかったので、やむを得ず偽りの出生証明書を作成し、実親の戸籍に出生の記載を残さず、養親の戸籍上では実子とした。こうした斡旋を100件以上も繰り返していた。

この事件が毎日新聞の1面でスクープされたことを契機として、養子縁組の法制度を整える機運が高まりました。その結果、1987年に、養子を戸籍に実子と同様に記載するよう配慮した特別養子縁組制度が国会で可決されます。

菊田医師が行なっていた赤ちゃんの斡旋は、当時は違法な行為でした。ただ、こうした赤ちゃんの斡旋は田舎であればそんなに珍しいことではなく、同様のケースがあったことを私も医者から耳にしたことがあります。ところが今はDNA鑑定が可能になったので、そういうことができなくなってしまった。

ある意味で、昔の養子縁組・里親というのは滅茶苦茶だった。戸籍制度があるがゆえに、役場・産婦人科さえ丸め込めば何でもできた。自宅出産が多かった時代は、「この子はAさんの家で生まれたけど、Bさんの子ということにしておこう。関係者が黙っていれば、わからないんだから」ということが可能だった。

池上 産婦人科が運営している特別養子縁組の団体には、「菊田先生は赤ちゃんの命を救ったということにおいて大変な功労者で、医者としての使命を果たした。この志を絶やしてはいけない」という理念を掲げ、活動しているところもあります。

佐藤 現行の特別養子縁組制度を利用するためには、とても慎重な法的手続きが要求されます。児童相談所を通して特別養子縁組をする場合、養親はまず半年間、里親として子どもを育てることになっています。その間に、児童相談所の職員が2回、保健所・裁判所の調査官が1回来て養育状況をチェックします。他方、養親も児童相談所に1回、実親のところにも1回出向く。これには、裁判や家裁の審判をやるのと同じぐらいのエネルギーが要る。

池上 実親のところには誰が行くのですか？

佐藤 裁判所の調査官が行きます。たとえば北海道に実親がいる場合、東京の裁判所が所管だったら調査官がそこまで出向く。その出張旅費は税金から出ます。

また、特別養子縁組の場合、42万円ほどの出産費用を養親が負担することになる場合が多い。平均程度の収入のサラリーパーソンだと、この金額で養親になることを躊躇することもあるでしょう。里親の場合は経済的な支援体制が整っていますけど、特別養子縁組の場合はそういうサポート体制がない。養子縁組に必要な印紙代は数千円ですけど、その実現にはかなりのコストがかかるのです。

親の収入がよければ当然、子どもの教育環境もよくなりますから、大学にも進学しやすい。スタートは施設養護の子どもと同じであるにもかかわらず、成長するにつれて特別養子縁組の子どもたちとの間には大きな格差が生じてくる。そうすると施設養護の子どもたちは「なんでこんなに違うのか」という疑念を持つでしょう。ちょっとした巡り合わせの違いで、子どもの運命がまったく異なってしまう。

このような特別養子縁組を児童相談所が主導して数万件も行なえば、予算・マンパワーの点でパンクしますよ。

池上 養子縁組に取り組むことを児相の職員に求めたら、行き詰まってしまうリスクも高いので、愛知方式（児童相談所職員の斡旋による特別養子縁組。特別養子縁組は民間の斡旋団体によって仲介されることが多いが、愛知県では、児童相談所の職員が率先して養子縁組に取り組んできた）の導入は、現状の児童相談所の激務と相談内容の深刻化などから、なかなか難しいように思います。

†里親制度の妥当性——日本の家族観に由来する問題点

佐藤　このように手続きと費用面において、特別養子縁組は門戸が狭い。加えて日本には、血縁に関する習慣に由来する難点があります。実親との関係が切れるということに対して、日本独特の抵抗感があるように思います。

池上　以前、次のようなケースがありました。乳児院の子どもとの特別養子縁組が順調に進展していたのですが、最後の意思確認の段階で、実親が反対して成立しなかったのです。

佐藤　日本の現実からすると、子どもの現実的な幸せを考えるのであれば、実親との関係は切らずに、一般の養子縁組・里親のような選択肢も視野に入れると、折り合いがつけやすいのではないかと思います。

池上　現実の問題として、実親のなかには精神的に不安定であったり、それには医療的な対応が必要と思われる方も少なくないので、自分の責任で判断し、意思決定をするというところに難しい問題もあります。

佐藤　親の精神障害と子どもの貧困の関係は非常に難しい問題です。

池上　特別養子縁組における実親の意思確認というのはだれのために、何のためにあるのか、私はつねづね深くて重い問題で、真摯《しんし》な議論が必要な問題だと思っています。実親のなかには自分が産んだ子どもが養子に行き、別の家庭が幸せになることを受け入れられない人もいます。こうしたナイーヴな問題にどの行政組織が対応するのか、これは今後の課題ですね。

佐藤　おそらく、行政ではそこまで手が回らないでしょう。一つひとつのケースが、人生そのものになってくるから。そこに関わると、人生の半分ぐらいのエネルギーを使ってしまう。

先日、ストーカー問題に取り組んでいる小早川明子さんとお会いしたんですけど、話をしていて「この人は、この仕事で自分の一生をすべて使い切っているんだな」と思いました。彼女によると、ストーカーの被害者側のほうが問題解決に非協力的で冷淡だそうです。つまり「あれは終わったことで、もう関係ない」と言って話をしようとしない。むしろ加害者だった人のほうが、問題解決に協力的だという。

ストーカーの加害者と被害者はしばしば入れ替わり、同じ人が加害者にも被害者にもなる。要するに、ストーカー行為は共依存に陥ることがあるのです。ある特定の人がいないと、自分は生きていくことができない。その人は自分の存在のために必要だということで、相手を搾取してしまう。

池上 DVと似たような心理ですね。

佐藤 DVの場合は、夫の暴力から妻は逃げなきゃいけないし、子育てをしなきゃいけないから、被害者である母親が連帯する。一方でストーカーの場合、連帯したところで問題が解決しないため、ストーカー法はなかなか改正されなかった。こうした構図があります。

†旧ソ連の社会的養護

池上 旧ソ連時代、ロシアでは子どもの虐待が社会問題となることはなかったのでしょうか?

佐藤 そういう問題が生じたら、ソ連では国家が簡単に親から親権を取り上げていました。

池上 ソ連でも、親が育てられない子どもは多かったんですか?

佐藤 ええ。基本的には乳児院・養護施設で育てていました。ただ、ソ連の場合、社会的養護と普通の生活との距離感があまりないんですよ。子どもは約1歳から完全保育で、11時間の長時間保育が当たり前のように行なわれていましたから。

池上　ということは、昼間は子どもはほぼ保育園で一緒に過ごし、そこにつながらない親の子どもが施設に入っているというわけですね。

佐藤　そうです。ソ連の場合、第二次世界大戦で3000万人が死んでいて、戦災孤児が多かった。1960年代半ばまで、この問題を引きずっていました。

池上　父親だけでなく、母親も戦争で亡くなったということですか？　両親を失くした結果、遺児ではなく、孤児になってしまったのでしょうか？

佐藤　遺児・孤児ともに多かったですね。父親が戦争に行って死んだだけでなく、母親がナチスに殺されたというケースも多かったので。あと国家による強制移住・移動の混乱のなかで、親子がはぐれてしまい、孤児になってしまうケースも非常に多かった。

でも、ソ連・ロシアというのは、遺児・孤児に関しては寛容な社会です。たとえば、子どもをきちんと育てられない親がいると、近所の人がその子を養子にする。今でも、そういうケースは多いですね。社会主義時代ほどではありませんが、いまのロシアも子育ては比較的にしやすい環境です。

†里親制度の問題点

佐藤　今、日本で里親を引き受けている人はどのぐらいですか?

池上　登録している人は約9000人です。ただ、実際に受託している世帯(里親家庭)は約4000世帯ぐらいですね。

佐藤　それは率直に言って、かなり高いハードルですよね。

池上　児相・福祉保健局で里親推進をしているある地方自治体の職員は、次のようなことを言っています。「子宝に恵まれず、里親登録をしている人の数はけっこう多い。でも、どちらかというと実子がいて子育て経験がある人のほうが委託しやすい。子育て経験がない人の場合、未知数の部分があるので委託するにはどうしても慎重になってしまう。「子どもがいないから里親登録しているのに」という不満があるのはわかるのですが、現場ではその進め方がなかなか難しい」。

佐藤　特別養子縁組を前提とする里親だったらともかく、子どもがいないからという理由で里親になった場合、あるとき実親が親権を行使して「戻せ」と言ってきたら、それに逆らえない。

池上　里親制度では子どもを実親に代わり家庭で育て、いずれは本人が望むのであれば、実親に返すのが前提となっています。特別養子縁組を承認しなかった実親の子は里親に委託されますが、この場合、実親が引き取りに向けて必死になることはあまり聞きません。たいていは里親の家で18歳になり、その後の進路について里親さんと相談することが多いようです。

佐藤　里親になる場合、そこの負担がすごく大きいですよね。特別養子縁組だったら実親に子どもを持っていかれることはないんだけど、里親だと潜在的な不安を感じながら育てていくことになる。18歳を過ぎてから養子縁組する場合もあるんですか？

池上　ええ、里親養育の過程で信頼関係を築き、話し合ってそうなるケースもあります。

佐藤　成人すれば、もう関係ないですからね。一応、扶養義務はあるんでしょうけど。

池上　日本よりもはるかに里親制度の歴史が長いイギリスでは法改正され、里親・里子の双方が合意すれば18歳を過ぎてからもその家庭で生活をし、大学進学・就職ができるようになりました。その場合、18歳までと同じ額の里親手当がその家庭に支払われます。

この制度は、若者が社会的にドロップアウトすることを防ぐ手立てとなっています。これは人の営みとして当然というか、里親と里子の双方にとって培ってきた信頼関係と生きる尊厳のためにあってしかるべき制度だと思います。日本も早く、そういうレベルまで法整備されることを強く望みます。

佐藤 私も賛成です。そんなに膨大な予算を必要とする事案じゃないんですから。

池上 若者の居場所をつくるために新しい事業を始めるよりは、里親家庭との関係をさらに継続できるように支援をしていったほうが建設的です。これは投資した以上の成果を上げると思います。

佐藤 そうですよね。取って付けたような居場所づくりをしても、それがどこまで成り立つのかわからない。居場所づくりというのは生活基盤と結びつかなければ意味がありません。結局のところ、居場所は家庭・職場になる。だから中途半端な居場所づくりをするよりも、きちんとしたかたちで就職場所の斡旋をしたほうがいい。

†乳児院の子どもたち

池上 イギリスのロジャー・グッドマンという人が『日本の児童養護』（津崎哲雄訳、明石書店 2006）という本を書いている。彼があえて日本の児童養護施設を取り上げた理由は、施設の子どもには代弁者がいないからだと述べています。

高齢者・障害者には施設があり、それをサポートする政治家がいるので、一定の政治的・社会的パワーを持つことがある。しかし社会的養護の子どもを支援する人は非常に少なく、彼ら自身が当事者としてパワーを持つところまで至らない。だから、誰かが気づいて、発信していく必要がある。

そういう意識を持つ人たちは、少しずつ育ってきています。施設出身の子どもが大学を卒業し社会的に信頼される立場を築いて、発言するようになってきています。しかし乳児院の場合、自分が当事者であることを受け入れるところまで安定した立場にある人は、まだ少数の現状です。そのためあの子たちの代弁者になれる人、わかってくれる人は非常に少ないです。

佐藤　乳児院の児童数は何人くらいいるのでしょうか？

池上　約3000人です。

佐藤　ということは逆に言えば、施設が収容可能な人数によって上限が決まっているということですよね。だから、実際に乳児院を必要としている人がどれくらいいるのかということは、全然わからない。

約3000人というのは、日本の貧困・ネグレクトの状況からすると恐ろしく低い数字ですよね。少し乱暴な言い方になりますけど、乳児院に巡り合えた子どもはラッキーです。家の中でネグレクトされている子どもがいるわけですから。

池上 それが居所不明児や、無戸籍の子どもです。そのように、別のかたちで潜伏しているケースがあると思います。

また、乳児院は救命救急の役割も担っています。というのも、児童相談所には乳児の一時保護施設がないので、乳児院が事実上その役割を担っているからです。救命救急の部分と、連続性をもってその子の人生設計を考えてあげる養育の部分。乳児院は、これらの対照的な役割を同時に担っています。

佐藤 それは、赤ん坊の本来の可能性がすごく広いということと対応していると思います。

池上 医療だと、救命救急と長期ケアはそれぞれ別の職員が担当します。しかし乳児院の場合、職員はその両方を担わなければならない。こうした重責を背負う現場の職員がみずから仕事の大変さを的確なかたちで社会に発信するのは難しいですし、仕事に追われているため時間的にもほぼ不可能です。

佐藤 社会的に意義のある仕事であることを伝えると同時に、処遇の改善をしていかねばなりません。具体的には、給与と勤務シフトを改善していく。そのために予算をつけることが、政治の役割になってきます。

そこで次章では、社会保障の制度設計をどのように再構築するべきなのか、日本の福祉政治を論じてみたいと思います。

社会的養護の現実を理解するための本

マイク・スタイン

『英国のリービングケア制度と実践』

福村出版

イギリスを代表する社会福祉研究者の手になる社会的養護論。社会的養護から自立する若者が、何につまずき、どのような困難に直面するのか、包括的な視点から論じている。長年の経験に裏づけられた洞察は示唆に富み、参照価値が高い。

ブレイディみかこ

『子どもたちの階級闘争』

みすず書房

英国在住の保育士が、ブレア労働党政権時代に、底辺層の託児所で働いたときの経験をまとめたルポルタージュ。社会的に弱い立場の人びとの視点から、英国社会の階層格差を考えている。著者の問題意識はそのまま日本社会にも当てはまる。

第4章 来たるべき社会保障

†福祉と税負担の関係

池上　前章まで論じてきたとおり、いま、日本社会が大きく歪みはじめています。教育、所得、健康などの点において格差が広がり、社会的な断裂が日本のいたるところに生じています。

歴史的にみれば、こうした社会階層の断裂が生じたのは、けっしてはじめてのことではありません。多くの先進国では、近代社会が形成される過程で経験されてきました。たとえば、いち早く近代化に成功したイギリスでは、18～19世紀にかけて農業技術が飛躍的に向上した結果、農民の数が激減しました。土地を失った農民が都市に流れこみ、彼らの多くは工業生産の労働者となりますが、低賃金労働で生活は困窮します。一方、資本家は富を集積し、労働者との格差が著しく拡大しました。

佐藤　マルクスの『資本論』の世界ですね。

池上　また、日本でも近代化の過程で、つまり明治維新後に格差が拡大しました。江戸時代までは階層間の隔たりは小さかったのですが、開国後、資本主義経済の進展にともない、階層格差が深刻になりました。

こうした歴史的な経過のなかで、多くの先進国では、生活困窮者の救済制度が必要だと認識されるようになります。その結果、自国の人びとに生活の安定をもたらすための政策が準備され、社会保障制度が拡充されました。

佐藤　本章では、社会保障制度の展開を概観しながら、戦後日本が採ってきた福祉政策の問題点を考えたいと思います。そうした整理をふまえたうえで、日本の社会保障政策はどこを目指すべきなのか、普遍主義的な再編はいかに可能なのかについて論じていきます。

†福祉レジームの3類型

佐藤　一言で社会保障制度といっても、そのあり方は多様で、国によって異なります。先進国が直面した階層格差という問題は同じでしたが、その解消へのアプローチはじつにさまざまでした。なぜなら、国家が近代化を成し遂げるための発展経路によって、社会保障制度のかたちが規定されるからです。

この問題を考えるときに非常に有用な本があります。宮本太郎『福祉政治』（有斐閣2008）です。この本を参照しながら、以下ではまず大まかに類型的な整理を試みてみましょう。

デンマーク出身の社会政策学者であるエスピン・アンデルセンに依拠しながら、同書で宮本さんは社会福祉のあり方を、①社会民主主義レジーム、②自由主義レジーム、③保守主義レジームという、3つの分類を紹介しています。この「レジーム」という言葉は、社会保障や福祉サービスに関するさまざまな制度を含んだ「体制」という意味で用いられています。この3類型について、「国民の負担」と「財政からの支出」という2つの観点を意識しながら、それぞれ順を追って説明していきましょう。

まず、①社会民主主義レジームとは、スウェーデンやデンマークなどの北欧諸国が採用している体制です。国民が求められる社会保障費の負担は大きい一方で、公的な社会保障の支出規模が大きく、ゆきとどいた社会保障制度が整っています。この社会民主主義レジームの特徴を、宮本さんはつぎのように説明しています。

社会保障や福祉は、一部の困窮した人々のための特別なものとはされず、すべての市民が人生の折々で当然に利用するものと位置づけられる。こうした考え方を、一般に普遍主義（Universalism）という。したがって、困窮層のみを対象として受給に所得制限を課したり、資力調査を行なったりするプログラムの比率は低い。

（前掲書　16ページ）

つぎの②自由主義レジームは、アメリカなどで採用され、市場原理にもとづく体制と説明されています。すなわち、国民に求められる社会保障費の負担率は低いけれども、公的な社会保障の規模も小さい。また、社会保障サービスにおいて民間企業が果たす役割が大きく、困窮層への公的な扶助にはきびしい所得制限が課されています。①社会民主主義レジームがもつ「普遍主義」とは対照的に、②自由主義レジームは選別主義的な思想に基づいている点が特徴です。

最後の③保守主義レジームは、ドイツやフランスなどで採られている体制です。企業年金や共済など職業別に複数の制度が整えられる一方で、稼ぎ手である父親を媒介として家族への収入を安定させる仕組みとなっています。②自由主義レジームと比べると、税負担は大きくなっています。

†日本の福祉レジーム――石橋湛山、岸信介、池田勇人

佐藤　では、日本に関してはどうなっているのか。宮本さんの見立てによると、日本は

「低負担・中福祉」だという。

日本では、国民が負担する社会保険料は相対的に低く抑えられている。負担という点では、アメリカのような自由主義レジームに近いのです。他方、受益という点では、保守主義レジームと似ている。育児や介護においては公的サービスの役割が小さく、家族（とくに母親）の役割が大きい。また、職域ごとに社会保険が整えられ、年金が国民年金・厚生年金・企業年金の3段階であり、医療保険も同様に分立しています。こうした特徴をもつ日本の社会保障は、前述の3類型にはぴたりと当てはまらないのです。

池上 なぜ日本の社会保障制度は「低負担・中福祉」になったのでしょうか？

佐藤 敗戦後の経済発展のなかで、福祉の仕組みがかたちづくられたからです。とりわけ高度経済成長期の時代背景が制度設計に色濃く反映され、本来は開発を目的とする制度であったはずの公共事業が、しだいに雇用維持や所得保障のために「制度転用」されたことが大きく影響しています。高度成長が終わりを告げたにもかかわらず、バブル期以降もその制度的枠組みが部分的に残存しているのです。

日本では、1961年に、時の首相であった岸信介のもとで、早くも皆保険皆年金が達成されます。これにより、すべての国民が年金と健康保険に加入する体制が整えられました。これは世界的にみても先駆的な成果であり、当時、皆保険制度は北欧などのわずかな国々が導入に成功しているにすぎない状況でした。

池上　先の戦争で焼土となった日本が、なぜ敗戦後わずか16年で、先進的ですぐれた社会保障制度である皆保険皆年金を導入できたのでしょうか？

佐藤　それを理解するためには、自民党の権力構造を知る必要があると思います。当時、どのような福祉国家をつくるかという問いをめぐって、自民党には二つの流れがありました。一つは、「石橋湛山による生産主義的福祉論の系譜」、もう一つは、「岸信介らの再分配を重視する福祉国家ナショナリズム」です（前掲書）。

1956年に石橋湛山内閣が誕生すると、国づくりの理念として「福祉国家の建設」を高々と掲げ、はやくも皆保険制度の構想が語られました。とはいえ、石橋の基本的な発想は、「まず経済を成長させ、その後に福祉を充実させる」という生産主義的な色彩の濃いものでした。つまり、まず工業などの生産部門を発展させて雇用を増やし、就労環境を安定させることこそが、福祉国家への第一歩であると考えたわけです。この生産主義的な考え方は、「後に経済成長それ自体で福祉を代替しようとした池田勇人に引き継がれ」ます。

これに対して、1957年に誕生した岸政権では「社会保障制度の実現そのものに力点が置かれ」ます。岸信介は安保条約改正を強行し、安全保障的にはタカ派の宰相として語られることが多いですが、岸はもう一つの側面、つまり社会福祉を重視する宰相でもありました。岸政権のもとで1958年に国民健康保険法が可決し、1961年には皆保険体制が確立したのです。

こうした岸の実績は、世間に流布する岸首相のタカ派のイメージとは乖離しているので、読者のなかには驚かれる方がおられるかもしれません。日本が誇るべき皆保険制度を準備したという点において、岸が果たした役割は大きいといえるでしょう。

もっとも、岸は安保条約改正をめぐって政治的な混乱を招き、その責任をとるかたちで辞任に追い込まれます。その後に政権を継承した池田勇人は、ひとまず安全保障においては「低姿勢」を徹底し、「所得倍増計画」を掲げて経済成長を重視する路線へと舵をきります。1960年のことです。

こうして池田は、岸が構想した再分配を重視する社会保障路線ではなく、経済成長によって福祉を肩代わりする路線へと転換しました。

池上　そうすると、60年代に日本の社会保障は大きく軌道を変え、国家が教育や医療などの面倒をみないで、経済成長によって可処分所得を大きくすることに力点を置いたわけですね。

†所得減税と公共事業──「システムの外」にいる人に冷たい日本社会

佐藤 そういうことです。社会保障政策と並行して、もう一点重要だったのが、所得税政策と公共事業です。60年代以降、都市部では中間層への所得税減税が繰り返されると同時に、地方では公共事業がどんどん進められていく。所得税減税と公共事業、この2つがパッケージとして進められていったのです。

背景を説明しましょう。池田勇人は都市における中間層の支持を重視していました。60年代の日本では、経済成長によって都市の企業に勤める中産階級が増え、社会構造が大きく変化しました。自民党が選挙で勝つためには、新しく生まれた都市中間層の支持をとりつける必要があり、そのために彼らの税負担を軽減したのです。

具体的な政策としては、勤労者の税負担を収入の2割に一定化し、毎年のように所得税減税を繰り返しました。仮に増税することがあっても、それは減税と抱き合わせにし、実質的な負担は2割におさえる。そして、勤労者は減税による可処分所得の増加分を、貯蓄に回すことが可能になった。この貯蓄を利用することによって、教育や医療を市場からまかなえるようになったのです。

池田の念頭にあった都市中間層の家族モデルは、終身雇用によって所得が保障された世帯主がお金を稼ぎ、専業主婦が教育や介護などを含む家事労働を担うというものでした。こうした家族であれば、皆保険制度などの高度経済成長期につくられたシステムによって安定した暮らしを営みつつ、所得税減税の恩恵をうけることができました。

池上 そうした池田の基本的な考え方を一言でいえば、「福祉は贅沢だ。基本的には自助努力で自分の生活を設計しなさい」ということになりますね。

佐藤 その通りです。戦後に構築されたシステムに組み込まれた家族は幸せでした。システムの中にいる都市中間層は幸せだったのです。ただ、それは同時に、非正規労働者、母子家庭など「システムの外」にいる人に対しては冷たい社会でもあったのです。この点は忘れてはなりません。

他方、地方ではどのような風景が広がっていたのか？　1960年代、高度経済成長期には製造業と農業のあいだで所得格差が広がり、農村から都市へ人口が流入するようになります。離村者が増え、地方の姿が急速に変わっていきました。

こうした動きを食い止めるために、自民党政権は公共事業によって農村部に雇用を確保して、離村を抑制する動きを強めていきます。公共事業が経済成長のための手段として用いられる、ケインズ的な見方がいよいよ強まっていったのです。

本来、公共事業の目的は、人間の「生」の基礎を整えるためのものであるはずです。具体的には、学校や図書館、公園、病院などの建設によって、公益や福祉を増進することにあります。この目的を達成するために、国や地方自治体は財政資金を用いて事業を行ない、その過程で仕事が創出されて、結果として所得の増大がもたらされるのです。手段と目的を履き違えた日本型ケインズ主義を終わらせなければなりません。

自民党政権が続いた時代、都市よりも所得が低い地方では、公共事業が雇用拡大の目的のために転用され、生活保障を代替する機能を担ったのです。

池上　都市中間層の減税と地方での公共事業、この二つの政策パッケージによって、自民党政権は生活保障を整えたということができそうですね。

佐藤　そう思います。こうした政策パッケージは、裏を返せば、「社会保障については、国家は必要最低限の水準の面倒しかみません。この水準を超えるサービスを求める人は、自己責任でやってください」ということになります。

井手英策さんと古市将人さん、宮﨑雅人さんの共著『分断社会を終わらせる』（筑摩選書　2016）は、ここ数年間ではすぐれた成果だと思いますが、井手さんはこの本で、次のようなことを言っています。

これは重大な、いや歴史的ともいうべき決断だった。

所得減税をしながら公共投資に支出を傾けるということは、本当なら黙っていても実現できたはずの社会保障や教育などの公的サービスを、拡充できなくなるということだ。

なぜこのような選択がなされたのか。その背景には「勤労の美徳」ともいうべき日本的な価値観があった。

（前掲書　19ページ）


日本では企業年金・医療保険を整備し、介護保険なども含めた高齢者福祉は北欧並みになりました。ところが、教育や医療、若年層の社会保障など、それ以外のところは極端に自己責任がもとめられるシステムとなっている。しかも公務員の数は少ない。

所得税減税と公共投資をパッケージとする仕組みでは、教育や医療などの社会保障に多くの財源をさくことはできません。税収が増えないにもかかわらず財政支出が増えるわけですから、必然的に社会保障にまわす予算は少なくなります。結果として、構造的に社会保障は必要最低限の水準でしか整えないことになります。

ここで政治的に問題になるのは、限られたパイをどのように分配するか、ということです。予算に制約があるので、社会保障の対象は「選別」せざるをえず、就労ができない人を対象とした「救済」サービスに限定されることになります。

こうして自己責任を前提とする社会保障システムのなかで、「選別主義」にもとづく日本型の「低負担・中福祉」を特徴とする社会保障制度がビルトインされたわけです。

池上　自己責任を前提とする社会保障システムのなかで、なおかつその社会保障の対象として選別主義がとられると、これまでの私たちの話で議論になってきた、社会的に不利な状況におかれた人にとっては、より厳しい状況に追い詰められてしまうリスクがあります。

佐藤　その通りです。1960〜70年代は、こうした「低負担・中福祉」のシステムがまがりなりにも機能していました。右肩あがりで経済成長が続いているあいだは、システムがもつ構造的な欠陥が露呈しませんでした。

しかし、バブル崩壊を契機として、1990年代に日本経済が失速すると、社会保障制度が大きく揺らぎ始めます。2000年代の小泉内閣のもとで、法改正により派遣労働がさまざまな業種で解禁され、終身雇用を前提とする日本的経営システムが変調しました。また、小泉がすすめた公共事業の大幅な削減により、地方経済は冷え込んでいきます。

とりわけ第2章で言及した新自由主義的な経済改革により、雇用の流動化が進められた結果、労働者の生活が不安定化していきました。世帯主がお金を稼ぎ、専業主婦が家を守るという家族モデルが崩壊しはじめ、社会保障システムに内包されない人びとが増えていったのです。

こうして、中間層や富裕層が負担した財源で、低所得者を「救済」する必要が、戦後日本においてはじめて政治的な論点として前景化しました。日本の「選別主義」にもとづく社会保障制度のもとで、国家による「救済」を誰にあたえるべきなのか、「システムの外」にいる人びとをどのように「救う」べきなのか、限られた社会保障予算から「施し」を支出するにふさわしい対象は何なのか、こうした問題について政治的な意思決定が迫られるようになり、貧困問題が可視化されるようになったのです。

†選別主義と普遍主義

池上　いま佐藤先生がおっしゃったことは、直接的には生活保護の問題と関連していると思いました。近年、生活保護受給者の数が右肩上がりで増え続けていますが、それと同時に、生活保護受給者への激しいバッシングも目立つようになりました。低所得層への現金給付が既得権益であるかのように喧伝され、生活保護受給者への偏った考え方や批判が強まっているのは見過ごせません。

佐藤 日本のように「勤労の美徳」が社会で共有されているということは、裏返せば「働かざる者食うべからず」という考え方が強いということです。選別主義にもとづいて給付を絞り込む再分配のシステムでは、いったん社会から余裕が失われると、低所得層への再分配に批判が強まることになる。

日本とは対照的に、再分配がうまくいっている国・地域のなかに、デンマークやスウェーデンのような北欧諸国があげられます。これらの国々では、低所得層への現金給付を手厚くしつつ、税・保険料の負担も大きくしています。貧困層へ再分配する代わりに、彼らからも徴税しているのです。

さらに驚くべきことに、こうした国々では、再分配が中高所得層に対しても行なわれているそうです。この点に関して、井手・古市・宮崎らは次のように指摘します。

> じつは、デンマークやスウェーデンのように、低所得層も含めて広く負担を課すことに成功している国は、低所得層だけでなく、中高所得層も含め広い範囲で給付をおこなっている。
>
> 低所得層にもそれなりの「負担」を求めること。中高所得層にもちゃんと「取り分」を与えること。人間の感情を考えれば当たり前のことである。この発想が日本の財政には決定的に欠けている。保守の好む「勤労」を前提とし、それが叶わないかわいそうな人びとに限定して「救済」を施してきた勤労国家レジームの代償は大きかった。
>
> 日本のリベラルや左派は格差の是正を訴えてきた。だが、貧しい人への給付を増やせばよいという単純な問題ではないのだ。日本人の伝統的な価値観、格差是正の「しかた」を徹底的に考え抜かなければ、中高所得層の怒りを買うだけだろう。言い換えればそれは、「善意のリベラル」「善意の左派」が格差拡大の原因となる危険性をはらんでいるということでもある。
>
> （前掲書　34ページ）

本書をここまで読まれてきた読者であればおわかりかと思いますが、こうした指摘は第

2章で言及したJ・ヘックマンの議論を想起させます。ヘックマンは良質な幼児教育を、低所得層の子どもだけに選別して提供するのではなく、すべての子どもに提供すべきだと主張しました。つまり、中高所得層の子どもにも範囲を広げ、富裕層であれ貧困層であれ、ひとしなみに同水準の就学前教育を提供する制度づくりを主張したのです。

低所得層を受益者にすれば、少ない予算で格差を是正できるので経済効率的だ。だが、一方で、既得権益が目につくようになり、受益者批判や対立を激化させるという意味で社会的に非効率になる。しかもそれは租税抵抗という政治的非効率性をも引き起こして、再分配のための財源を縮小させる。財源が減れば、再分配の機能は弱まる。経済効率性への偏重が、結果的に本来の目的を困難にし、社会的・政治的な対立だけを残してしまうのだ。（前掲書　167ページ）

†いちど踏み外すと這い上がれない社会・日本

佐藤　ここまでの議論を整理すると、こういうことになります。日本の社会制度は、終身雇用と専業主婦を前提として設計され、経済成長が右肩上がりで続いているあいだは、社会保障システムが維持された。このシステムに組み込まれている人たちは幸せだった。ところが、そのシステムの外側にいる人びとに対しては、ものすごく冷たい社会でもあった。新自由主義が入ってくるにつれて、この傾向が顕在化した。これにより社会の分断が進み、貧困に苦しむ人はますます増えてきている。

池上　日本は先生のお話のように従来より家族制度の外側にはじき出された人に対して冷たい側面がありました。家族モデルから逸脱する人びとの存在は、社会から顧みられることがなかなかない状況がありました。そういう側面を担わざるをえない乳児院や児童養護施設などは、いままで一部の研究者や報道以外は、不可視化されてきたという部分があったと言えるかもしれません。

佐藤　逆に言えば、児童養護施設は、社会から顧みられることがなかったにもかかわらず、今までよく運営されてきたと思います。

池上　私たちが小学生の頃は、公立の小学校が多数派だったんですけど、今は必ずしもそうとは言えなくなってきています。ひと昔前と比べて、子どもの環境は明らかに変化しているのに、子どもの社会保障に関する体制は旧態依然としたままです。子どもの貧困が深刻化しているのですから、いまこそ社会的養護についての議論を深め、社会全体の問題としてとらえるべきだと思うのですが、その認識が社会では希薄なように思えてなりません。

宮本太郎さんはよく「交差点型社会が必要だ」とおっしゃっています。これは「雇用」という場には、「教育」「家族」「社会保障」「失業・離職」という場のカテゴリーが、それぞれ橋でつながっているという4LDKの包摂という喩えで、社会における生活保障のあり方を提示されています（宮本太郎『生活保障』岩波新書、173ページ）。いまの日本では、いちど失業して社会規範から外れてしまった人には、社会に戻れるチャンスはきわめて厳しいです――社会が「単線」的かつ不可逆性が強いという問題があります――そういう人にもふたたび社会に戻るチャンスを与える社会をつくることが必要です。

佐藤　いちど社会からこぼれた人がふたたび復帰するためには、ものすごい努力をするか、あるいはよほどの幸運に恵まれない限り、這い上がることは難しい。私にとって、この問題はある種の切実さをもっていて、とても他人事のようには思えない。

私は、『ビッグ・イシュー』を売っている販売員を街角で見かけると、2〜3部買ってしまう。彼らの境遇が他人事とは思えません。私が『ビッグ・イシュー』の販売員になっていた可能性が十分にあるからです。

私は2002年に特捜地検に逮捕されました。当時、特捜事案で捕まることは、社会的に抹殺されることと同義でした。あの田中角栄でさえも、ロッキード事件で東京地検特捜部に起訴された後は、敬称は「元首相」ではなく「被告」だったのですから。カムバックできたのは私と鈴木宗男さんが初めてだと思います。特捜に捕まったら、社会的に復権できない。私の事件までは、それが不文律だったんですよ。

私の場合、ソ連崩壊に立ち会ったので、政争で負けたときの心構えができていた。それに加え、外交官として文章を書く訓練を積んでいた。出版社につとめる編集者の友人が何人かいて、物書きとしてデビューするときに協力してくれた。幸運にも社会的に復帰できたのはいくつか理由があるのですが、そのうちのどれか1つの要素が欠けていても、這い上がれなかったと思います。だから『ビッグ・イシュー』を売っている販売員を見ると、とても他人事とは思えないのです。彼らと私のあいだには、ほんの少しの差しかない。そう思えてならないのです。

†「日本は子どもを大切にしない民族」？

佐藤 前にも述べましたが、地方に行くと、子どもの貧困の存在を断固として認めない人が多い。「子どもの貧困なんかない」「貧困は各家庭の問題だ。安易に貧困なんていう言葉を口にするべきではない」「貧困は自助努力で解決するべきだ」――。こうした言説を上気した口吻でまくしたてる「地方の名士」と話をすることがときどきあります。

ただデータのうえでは、貧困に苦しむ子どもが増えていることは明らかです。そこに何らかのかたちで手を差し伸べなければいけないのですが、制度設計ができていない。

池上　本当にそうですね。「地方の名士」といわれる人たちの一部は、なぜ「子どもの貧困」の現実自体を否定するのでしょうか。ひとつは、「地方の名士」といわれる人たちは地域への影響力が大きい。そうした自分の影響力が及ぶところで「子どもの貧困」という現実があるという事実は、認めがたいということがあるのでしょう。

もう一つは、社会のなかで自己責任論が強い場合、子どもに自己責任論を突きつけるわけにはいかない。それは、親であれ、周囲の人たちであれ、社会全体としては大人の責任。そこの役割や機能が果たせていないうしろめたさが、現実を否認している心の動きになっているのではないかと思います。

佐藤　これも前に述べたことですが、いま、「子ども」という言葉を書くとき、その表記方法で頭を悩ませます。自民党系は「子ども」の「ども」を漢字にして「子供」と表記するんですが、立憲民主党などリベラル系は「子ども」と表記する。だから、子ども食堂では表記に迷っていて、「子ども」の「ども」を漢字にするか、それともひらがなだけで「こども」にするか。こんな些細なことでも、イデオロギー対立が起きている。

ある一定数の人びとが子どもの貧困の存在を認めようとしない理由は、自分の醜い姿を直視したくないからではないでしょうか。その存在を認めることは、「日本人は子どもを大切にしない民族である」ことを認めることと同じですから、その現実を直視できないだけなのです。でもそれは真実だから、やはり目を背けることは許されないはずです。

池上　地方の児童養護施設の職員にお話をうかがう機会があります。そのときに感じるのは、児童福祉施設など社会的養護の受けとめ方に関しても、東京やそれぞれの地域によって受けとめ方や協働のあり方に違いがあります。それは、良い意味で、もっと知られることも大切と思います。

†保守層とリベラル層の懸隔を超えるために

佐藤　池上先生のお話をうかがっていて思い出したのは、湯浅誠さん（日本の社会活動家。法政大学教授、元内閣府参与）のことです。湯浅さんも、同様の問題意識を持っていらっしゃるようです。

いま湯浅さんを中心として、子どもの貧困問題に取り組む活動が進んでいます。先般、湯浅誠さんとお話をする機会があったので、活動をすすめるうえでの支障について、現場の見解をお聴きしました。

湯浅さんによれば、都市部では子どもの貧困の存在がある程度は認知されているので、どうしたら解決できるのか、この問いをめぐる議論のテーブルを設定することが比較的容易だといいます。しかしながら、地方では状況が全く異なる。というのも、「貧困なんか存在しない」と言い張る人がいて、議論の前提となる認識を共有することができないのだそうです。とりわけ地元のボスのような男性はこうした立場で、なかには「おれの町が貧乏だっていうのか！」と気色ばむ人もいるらしい。

だから、子どもの貧困に取り組む運動をするためには、まず地元の顔役を味方につけて、彼らから運動の妨害をされないような人間関係をつくる必要がある。湯浅さんは、こうした関係をつくるのに骨が折れると言っていました。

つまり、地方社会を変えたいと思うなら、保守層を味方につけなければならないのです。リベラルな発想だけで進めようとすると、絶対に壁にぶち当たる。これは湯浅さんの長年の経験に裏づけられた卓見だと思いますね。

池上　佐藤さんがおっしゃるように、地方の保守層にも受け入れられるモデルを示していくことが大切だと思います。そうした立場にある人たちは、貧困の存在さえ認めていない。そうした立場の人たちの心に響く言葉・切り口はどのあたりにあるのでしょうか。

佐藤　逆説的に言うと、家族制度の可否についてはいったん括弧にいれて、家族を論点として議論のテーブルに載せないことが大切です。彼らが思い描く社会のかたちは、「日本は大きな家族である」というものです。そのような考え方をする彼らは、家族制度を解体するような言説に対しては、形而上的な反発をします。民法上、家はなくなっているはずなのですが、まだ家の幻想みたいなものが残っているんですね。これもとても難しい問題です。

池上　まったく同感です。都市と地方では考え方が異なることが少なくありません。児童養護施設の場合は、地方では保守層の人たちの善意で支えられていることが多いです。戦災孤児を引き受けられたお寺や篤志家が経営されている施設もあるので、そうした人たちの考え方を尊重する必要を感じます。

佐藤　考えうる事態のなかで避けなければいけないのは、子どもの貧困に取り組んでいる人びとが、小さな見解の相違によってたがいに不信感をつのらせ、隔てられることです。

児童養護施設に携わる人、里親、特別養子縁組の養親、こうした人びとがたがいにぶつからないようにすることは、とても重要だと思います。

三世代同居は現代にふさわしい家族モデルなのか?

佐藤 保守派の一部の人たちは、家族のあるべき理想の姿として「富山モデル」を推奨しています。この背景には、一君万民的な考え方の延長線上にある家族謳歌論があるように感じられます。

富山県は1000人あたりの東大合格率が日本一。生活保護を受けている人の数が、大阪府の10分の1です。かつ、女性の就労率が高く、共働き率も日本でいちばんです。さらに、三世代同居も多い。だから、「富山モデル」を見習うべきだとこの人たちは唱えています。

しかし、「富山モデル」を理想とすることはあきらかに無理があるように思えてなりません。というのも、「富山モデル」が成り立つためには前提条件が必要だからです。その前提条件とは、端的にいえば、地域に製造業が発展していることです。富山には繊維産業や機械産業、眼鏡産業をはじめとする生産現場があって、そこで労働者の雇用がうみだされている。

私が「富山モデル」の妥当性に疑問を感じる理由は他にもあります。それはもっと根本的な理由で、そもそも「富山モデル」は現代にふさわしいのかという点です。

朝の通勤時、富山駅ではふしぎな光景がひろがっています。駅のホームで電車を待つ通勤客のおよそ半分が、中年の女性なのです。彼女たちは製造業で雇用労働をしている。3世代同居で家には義母がいるから、「嫁」である彼女たちは家にいづらいのだと思います。「嫁」という立場で家に入ってきたら、ストレスで胃袋がちぎれそうになるでしょう。

「富山モデル」とは、言い換えれば、「嫁」は仕事に出て祖父母が孫の面倒をみる、という家族像です。つまり、三世代が同居して、家庭に主婦は2人も要らないから、「嫁」は働きに出ろというわけです。これは明らかに都市型のモデルです。「嫁」にとっては窮屈で仕方がない。これは果たして理想のモデルなのか……。はなはだ疑問です。

池上　自民党が掲げている家族像は、前近代社会の家制度へ回帰するかのような印象を与えますが、一方で、社会のなかで家族として安定した生活を支えるために、そうした家族像に頼りたくなるようですね。

佐藤　家制度は、社会問題のある部分を解決することはできるけれど、しかしながら、

「家」からはみ出してしまった人はどうなるのか。たとえば、シングルマザーやシングルファーザーとか。彼らは「家」に居られないから、都市部に出てこざるを得ない。今は、モデル不在の状況になっていると思います。

✝「宗教」が分断社会の懸隔を補う

池上　子どもの貧困の背後には、親のメンタルヘルスが関係していることがあります。たとえば、親が治療を必要とする精神的疾患に苦しんでいて、生活が追いつめられている核家族が少なくない。社会的なネットワークからこぼれ落ちて孤立している核家族で、子どもの貧困が生じているケースが多いような気がします。

佐藤　かつての日本では、そうした孤立した家族を包摂してきたのが、仏教団体をはじめとする宗教組織だった。かつて宗教組織のような中間団体が、身元不詳の人、精神に変調をきたしている人、すべてを包み込んできた。

ところが、鵜飼秀徳さんの『寺院消滅』（日経BP社　2015）にも書かれているように、いまのお寺はネットワーク的な基盤を失っている。

全国にあるおよそ七万七〇〇〇ヵ寺のうち住職がおらず後継者も見つからない「無住寺院」は約二万ヵ寺存在すると言われる。さらに既に宗教活動を停止した「不活動寺院」は、二〇〇〇ヵ寺以上に上る。

こうした寺院は、別の寺の住職が兼務しながら、辛うじて存続させている状況だ。無住寺院や不活動寺院の増加は特に僻地《へきち》で顕著だが、近年は都市部にも及んできている。

いくら都心の真ん中に寺があっても、後継者がいなければ寺は途絶えてしまうからだ。また、少子化に伴う檀家《だんか》の減少は、寺院の存続に直結する問題だ。あるいは寺院の修繕資金が集まらず、活動を維持できなくなる危険性も、地方都市に限ったことではない。

（前掲書　241ページ）

宗教が衰退し、世俗化しているなかで、日本は本当に冷たい社会になってしまった。

池上　非宗教法人の中間団体であるチャリティ団体であっても、活動の根っこに宗教があるケースが多いように思います。特別養子縁組でも、熱心にやっている団体の背後には必ず宗教があるようです。こうした側面を見落としてはならないと思います。

佐藤　新自由主義的な経済システムが日本社会を覆い、日本の社会保障システムの前提をなしていた家族モデルが限界を露呈しているいま、国家と個人をつなぐ中間団体が必要とされています。こうした問題意識から社会をながめるならば、宗教がもつ可能性にもっと目を向けるべきでしょう。

たとえば、創価学会は貧困の問題を克服しています。知人の学会員は、年老いた親を地方に残しているんだけど、親の介護について基本的に心配ないそうです。学会のネットワークで介護しているから、家にはいつも人がいる。創価学会は一種の中間団体なんだけど、ネットワークをつくることに成功している。

†新興宗教が必要とされる時代——天理教、大本

池上　天理教は里親活動に熱心ですね。信徒のなかには里親を引き受けられている方も多いです。とくに関西のほうでは活発ですね。国民民主党の前原誠司氏も佐藤先生と井手英策先生との共著（『分断社会ニッポン』朝日新書　2016）のなかでそのようにおっしゃっていましたね。

佐藤　それは天理教の考え方と関係していると思います。

池上　年に1度、奈良県天理市の本山にお参りに行かなきゃいけないので、お互いに交替で里子の面倒を見るという話を聞いたことがあります。そこではご飯を食べさせて、学校に行かせる。そこで彼らは、独自のネットワークを築いている。

佐藤　天理教ほど大きくないけれども、大本（いわゆる大本教）も独自のネットワークを持っていると思います。

根っこに宗教があると、やはり強いですよね。『世界』（2016年4月号、岩波書店）に、井手英策さんと松澤裕作さん（慶應義塾大学准教授）の誌上シンポジウムが掲載されています（「誌上シンポジウム分断社会・日本――なぜ私たちは引き裂かれるのか」）。松澤さんは日本社会史（近世・近代史）を専門とする歴史学者で、井手さんと一緒に活動しています。彼はここで大本が出てくる経緯について触れている。

明治社会を「獣の世」として喝破した同時代人がいた。大本教という新しい宗教の開祖となった出口なおである。なおは、江戸時代末期の一八三六年、現在の京都府福知山市に生まれた。そして、明治時代も半ばを過ぎた一八九二年、突如神がかりを起こし、神の言葉を語り始める。

外国は獣類の世、強いもの勝ちの悪魔ばかりの国であるぞよ。日本も獣の世になりて居るぞよ……是では国は立ちては行かんから、神が表に現はれて、三千世界の立替へなおしを致すぞよ
（安丸良夫『出口なお』）

大本や天理教が誕生したとき、その時代背景には通俗道徳というものがあった。つまり、石田梅岩や二宮尊徳の教えですね。「働けばそれなりに成果が出る」と言うけど、働いてもいっこうに暮らしはよくならない。そこで神がかりの女性が出てきて、「この世は獣の世ぞ」と言う。それが大本の教祖・出口なおですね。これを読んで、現代は当時と社会構成が酷似していると思いました。

池上　たしかにそうですね。私たちが子どもの頃は「稼ぐに追いつく貧乏なし」とよく大人が話していたのを思い出します。

†他者を愛すること、自己を愛すること

佐藤　人間の子どもがネグレクトされるというのは、「緩慢なる死」と同じです。これは、政府が本気になって取り組まねばならない問題です。ネグレクトを見過ごすのは、社会的

に「緩慢な自殺」に等しいように思えます。

池上　我が子といえども他者なんです。人間には本来、他者を愛する能力が備わっているはずなのですが、置かれた環境によっては、その能力がうまく発動されないこともあります。

フロイトは「人生において大切なことは人を愛することと、働くことだ」と言っています。これはフロイトの洞察力・人間性が如実に現れた言葉だと思います。あと彼は「人間には生の本能（エロス）・死の本能（タナトス）がある」「人間には、どうしても人を攻撃したくなる側面がある」とも言っています。フロイトの人間への洞察に倣っていえば、本来、人間には生物学的に他人を愛する能力が備わっていたはずですが、いろいろな歪みが生じた結果、その資質が失われたということでしょうか……。

佐藤　そこは非常に大きなポイントだと思うんです。『新約聖書』に、「汝の隣人を、汝自身と同じように愛せ」という言葉があります（「マタイによる福音書」22章39節）。他人を愛せなくなっている人には、自己愛に何らかの欠陥がある。そういう人は自分を愛することができないために自己評価が異常に低く、自分のことを極端に責める。

子どもの教育において大切なのは、人生が楽しいということを、つまり自分の生が根本から肯定されることを、幼いころから覚えることです。自らの生を肯定できない人間には、あらゆる道徳は無意味です。

池上　そうですね。いわゆる「こころ」が育っていくためには、まず子ども自身が子どもが大切と思う人から「自分は肯定されている」という感覚が育つことと、その大切な人と「共にいる」という安心感に支えられることが原点です。その土台ができると、ときにある不満や怒りも修復できるものという人を信じる「こころ」が育ちます。生まれてからの家庭環境に恵まれず、実親から愛情を注がれなかった子どもに、いかにしてトラウマを修復し、人を信じる「こころ」を育ててゆくか、この点が社会的養護がもつ大切な役割だと思います。

佐藤　凄惨な虐待事件が起きると、世間から批判の矛先が児童相談所に向けられることがあります。「なぜ虐待死を児童相談所は防げなかったのか？」「虐待の事実を児童相談所は把握していたのか？」「最悪の結果が生じる前に、早期介入することはできなかったのか？」といったステロタイプな行政批判がなされるのです。

しかし、第2章で言及しましたとおり、児童相談所が置かれている状況を考えれば、こうした批判にはなんの生産性もないことがわかります。問題はそこじゃない。児童相談所は慢性的なマンパワー不足に陥っているため、すべてのケースに十全に対応することが組織的に難しいからです。

児童相談所はネグレクトや暴力などの緊急避難所のような役割を果たしています。児童相談所には心理的外傷を受けていない子どももいるけれど、だからといってメンタルのケアが不要であるわけではありません。でも、現状の行政では、ここにマンパワーを注入することができない。そうすると結局、ボランティアがそこをカバーすることになる。

ケアに関する基本的な考え方としては、「自助・共助・公助」という3つの要素が連携することが必要です。このうち私たちにできるのは「共助」の部分だけです。「公助」に関しては、私たちにできるのは行政に訴えることだけで、行政の現場もやれることはやっていると思います。

†重要な問いに対する答えはトートロジーになる

佐藤　最後に、「なぜ、子どもの貧困に取り組まなければいけないのか」という問題提起をし、この問いの輪郭について考えをめぐらせてみたいと思います。

結論から言うと、この問いに対して私が答えようとするとき、最終的にはトートロジー

（同語反復）しか与えることができません。この問いに、理論的な解答をすることは無効であり、不可能でもあるのです。「なぜ、子どもの貧困をなくさねばならないのか」という問いに対しては、「子どもの貧困をなくさなければならないからだ」と答えるしかないのです。「やらねばならないから、やらなければならない」というかたちでしか出てこない。「人間だから、やらねばならない」「知ってしまったから、やらねばならない」「その場で見てしまったから、やらなきゃいけない」という何らかの使命感を理由にすることでしか語ることができないのです。極端な話、「趣味でやっているんですか？」と問われたら「そうです」と答えるしかない。

生命には尊厳があり、人間には生きる権利があります。きちんと食べることができ、きちんとした教育を受けることができ、恥ずかしくない服を着ることができる。名誉・尊厳をもって生き、きちんとした生活習慣を身につける権利があるのです。

にもかかわらず、貧困家庭で育った子どものなかには、基本的な尊厳を剝奪されている子どもがいる。思春期になっても下着をつける習慣がない、あるいは自分で洗髪する方法すら知らないなど、基本的な生活習慣すら身につけていない子どもが存在します。こうした子どもに出会ったとき、そのような生活習慣に対して眉をひそめてはなりません。まず私たちは、その子どもに対して「あなたは悪くない」と言わなければならない。その子のふるまいがたとえ社会的規範から大きく外れていたとしても、その責任は教育を怠った周囲の大人たちに求められるべきだからです。

尊厳を剝奪された子どもは、極度に自分を責めていると思います。児童養護施設にいる子ども、あるいは無戸籍・無国籍の子どもも同じ状況に置かれている。子どもには非が全くないのにもかかわらず、「どうして私は生まれてきたのか？」と自らの存在を否定し、自責の念にからめとられ、塗炭の苦しみを舐めている。そういう問題を抱えていない人たちには想像もつかないような苦しみを味わっている。

池上 辻村深月『朝が来る』（文藝春秋　2015）では、そうした葛藤がみごとに描かれています。主人公のひかりは、中学生のときに息子を産み、特別養子縁組に出す十代の少女です。自分自身には何の問題もないのに、変な男に債務をつくられてしまい、それを返さなきゃいけない。だから養親に脅迫電話をかけて、会いに行ったりして。あのへんも、すごくよくできてますよね。知識が不十分で、自分を責めて「自分の責任だ」と思い込んでいる。

佐藤 そういう子たちをケアしていくには、複合的な問題意識が必要です。それには福祉のみならず、宗教の切り口も重要になってくると思うんですよね。

†子どもは「他者」である

佐藤 私の場合、社会的養護をめぐる問いに対峙するとき、自分自身に関わる事柄については、とりあえず括弧にいれて、判断しています。私に直接的に関係する問題ではなくて、外側の世界に関する問題であることを自らに強く言い聞かせ、「他者」の問題であると位置づけるようにしています。

このような考え方をすることによって、社会的養護をめぐる問いを「『他者』をどう理解するのか？」という他者認識の問いに置き換えることが可能になります。ここから思考をスタートさせると、社会的養護へのアプローチが変わってきます。

他者認識という問いについて考えるときに、きわめて示唆に富んだ本があります。柄谷行人『柄谷行人講演集成1995-2015 思想的地震』（ちくま学芸文庫 2017）です。このなかに「他者としての物」という論考が入っています。ここで柄谷さんが語っている他者という考え方は、私たちの議論にも援用できるように思います。たとえば彼はこう言っています。

私の定義では、他者とは、ヴィトゲンシュタインの言い方でいえば、言語ゲームを共有しない者のことです。彼はその例として、しばしば外国人をあげていますが、精神異常者をあげてもよい。確かに、彼らとの間に合意が成立することは困難です。しかし、まったく不可能ではない。ここで、それがまったく不可能な他者を考えてみましょう。それは死者であり、いまだ生まれざる者です。生きている他者とであれば、いかに文化が異なり、あるいはいくら正気からかけ離れているとしても、なんらかの合意に至ることがありえないことではない。他方、死者や生まれざる者とは、そのようなことは不可能なのです。

（前掲書　20ページ）

柄谷さんの定義によれば、「他者」とは言語的なコミュニケーションが不可能な人のことであり、それは「死者」と「未だ生まれざる者」だという。

ユルゲン・ハーバーマスは、その主著である『コミュニケーション的行為の理論』（未来社　1985）のなかで、コミュニケーション的行為の重要性を強調しています。現代社会において、衰退した公共圏が理想的な姿を取り戻すためには、人と人が相互の了解を追求するコミュニケーション的行為が重要であり、より民主的な合意形成が可能になる、と主張しました。

ハーバーマスが述べるとおり、コミュニケーションは重要だと思います。ただ、コミュニケーションの範囲は現在生きている人に限定されます。もっと言うと、ハーバーマスのコミュニケーション的行為はヨーロッパ的な文脈における論理や近代文化を共有している人の間でしか成立しません。たかだかその範囲での合意形成にすぎず、「死者」と「未だ生まれざる者」とはコミュニケーションができないのです。

柄谷さんの議論に従うならば、現在だけではなく、過去と未来の他者も含まれている。もちろん、「死者」と「未だ生まれざる者」とはそもそも合意など得られません。それゆえに他者なのです。こうした不可知の存在である他者に到達するためにはどうすればいいのか。この点を考えつづけなければなりません。

生まれたばかりの赤ん坊たちは言語ゲームが全くできない。ただ、年齢が上がってくるにつれて、言語ゲームができるようになる。その段階では、乳児院や児童養護施設に入所し、段階によってコミュニケーションの仕方が変わってくる。そのときに、私たちはその子どもとなんらかの合意を形成しなければなりません。あくまでも不可知の他者として子どもに接しつつ。

環境問題についても同じことがいえます。化石燃料を私たちが使いつづけると、次世代にどんなツケを残してしまうのか。原発をこのまま放置しておくと、未だ生まれざる者、つまり私たちの孫くらいの世代で、なにが起こるのか。教育に目を向ければ、大きな問題を抱える日本の公教育制度をこのまま存続させると、将来世代に何が生じるのか。こうした長期的な問題を放置することは、未だ生まれざる者に対する合意形成の拒否だといえるのです。

戦没者の問題に関しても全く同様です。死者は反論できない。語ることもできない。ところが、靖国の英霊はこう言っている——という形で右派は語りたがる。他方、左派はあの戦争の中で、平和を願って死んでいった人たちに、自分のイデオロギーを仮託して死者に語らしめる。こうした態度は、彼らの観点にとっては有意義でしょうが、私には問題の本質を骨抜きにしているとしか思えず、不満を覚えます。

戦没者に向き合うときに重要なのは、他者として対峙すると同時に、戦没者の内在論理にできるだけ肉薄することです。歴史の高みに立って事後的な解釈をするのではなく、同時代的な観点から戦没者の考え方をさぐるという作業をしないかぎり、合意形成はできないはずなのです。

話を社会的養護に戻しますと、生後から18歳までの間、社会的養護を受けている立場の子どもはどんどん成長してコミュニケーションが可能になるのだけれど、子どもの心の中には周りの大人には知ることができない領域が残されているし、内面に負った傷の痛みを完全に共有することもできない。子どもは他者であり不可知であるという認識に立つことは、とても重要です。

池上　本当にそうだと思います。社会的養護や福祉の領域で活動している人のなかには、自分の解釈を子どもに仮託している人が少数ですが一部見うけられます。そうした人は、本来は自分自身の内にある問題や抱えられない情緒を（社会的養護のもとにある）子どもに仮託してあたかも子どものためであるかのように発信している場合があります。これはその人自身の未解決の問題をあたかも社会における問題であるかのようにすり替えてしまうリスクがありますので、繊細な注意を払わなければいけないと思います。

佐藤　自覚がある独善性は矯正できますが、無自覚にやっているから矯正できない。しかも、「自分はいいことをやっている」と思っているからその矯正が難しい。

池上　一方、子どもの他者理解の力を育てることも重要です。この力がないと、子どもは本来育つはずのアイデンティティがもてなくなる。それは、その子にとっても社会にとっても損失だと思います。

佐藤　だから、子どもには、相反することを同時に伝える必要があるんです。複合的なんですよね。社会的養護の子どもは、構造的には被害者になっている。だから、まず言わなければならないことは、「あなたがこの場に置かれたのはあなた自身のせいではない。だれもが親を選べない」ということ。このことをまず伝える必要がある。と同時に、「あなたたち一人ひとりが自立していかなきゃいけない」と伝えなければならない。

子どもを共同体外からの無理解な干渉からは守ると同時に、共同体内では修練を要請する。こういう構図を維持できる共同体を、家族とは異なるかたちで創出することはいかに可能なのか、この点を考えることが日本社会が直面する大きな課題なのです。

公正な社会を構想するための本

宮本太郎
『福祉政治』
有斐閣

自民党政権の権力構造を踏まえて、戦後日本の社会保障政策の流れを総覧した良書。国際比較の視点も含み、なぜ日本の福祉制度が現在のような特殊な形になったのかが説き明かされている。戦後日本の政治史としても出色の一冊。

井手英策・古市将人・宮崎雅人
『分断社会を終わらせる』
筑摩選書

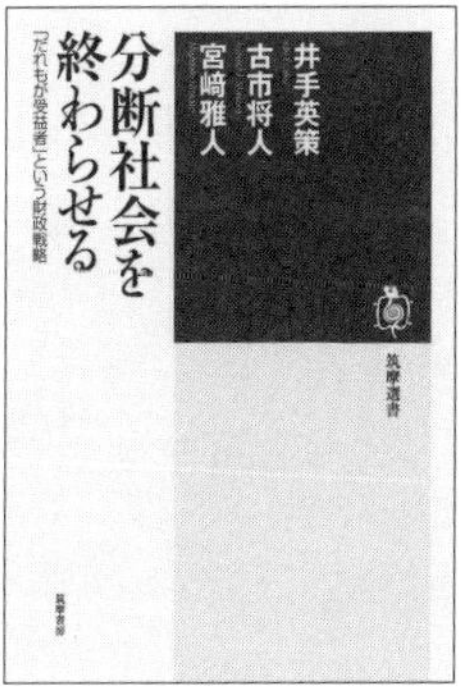

90年代以降、日本の福祉が機能不全に陥ったのはなぜなのか？　その構造的な理由を丁寧に論じている。従来の選別主義的な福祉の限界を指摘し、普遍主義にもとづくあらたな社会保障を構想する構えの大きな社会論。

あとがき

社会において格差の拡大が進んでゆくと、単なる経済的格差にとどまらず、社会に生きる私たちのこころに少しずつ深い影を落としてゆく。その影は、社会に対する閉塞感だったり、その社会のなかで自分が生きてゆくことへの希望のもてなさだったりなど、気持ちの深いところにしのびこみ、私たちのこころから「考える」という力や可能性を静かに奪ってゆく。そうしたなかで、私たちがいま、いる社会にはどのようなことが起きているのか、またそうした社会のなかで私たちは生きるということをどのように考えてゆくのか、そうしたことをテーマに佐藤優先生と私とで対談を重ね、本書としてまとめられた。

佐藤優先生は、これまでも著書や対談などで、多岐にわたる領域について発信をされてきている。そこでは、いかなる領域のテーマであっても、その根底には人間についての透徹した視点をもって俯瞰し、人間のこころの奥深くにある、目には見えないものへの畏敬と生きるということへの真摯な向かい合いがある。それは、あたかも誰もが聴いたことがあるメロディーをもつ楽曲の土台を支える通奏低音のはたらきと響きのようなものである。その意味では、今回の対談は、佐藤優先生の人間と社会への理解の通奏低音が聴く人にわかるように、主旋律を奏でているとも言える。

いま、社会は先が見えにくく混迷が深く、そこに生きる私たちはいつ、どんな困難にぶつかり、なんらかの困難を抱える当事者になるかもしれない。そういう先行きの見えない不安を感じている。たとえ、いまはそうでなくても、この先、もしかしたらそうなるかもしれない、そうした不安をどこかに漠然と抱えている。本書は、こうした漠然とした不安を端緒に、いま社会の根底で静かに動いていること、そしてそこで生きるという現実について、佐藤優先生と私は対話を重ねた。そういう意味では本書は対談という形ではあるけれども、実際には、いまの社会が深めている不安とそのなかで生きるということについての対話と、そこからの手がかりとなる、いまある理解についての二人の共同の探究ともいえる。

いま、私たちが生きている社会は、これまでの歴史にはない独自のストーリーの展開をし始めている。私たちが生きている社会は、どのような物語を展開しているのだろうか。そのなかで、私たちは社会が展開している物語をどのように理解し、自分自身の独自性というかけがえのなさをもって、どう生き抜いてゆくのか、本書がそうしたことについて考える最初のきっかけになれば幸いである。

二人の対話を本という形で上梓するにあたっては、筑摩書房の永田士郎氏にたいへん御世話になりました。こころから感謝申し上げます。

2018年秋分

池上和子

参考文献一覧

第1章

阿部彩（2008）『子どもの貧困——日本の不公平を考える』岩波新書。

阿部彩（2014）『子どもの貧困Ⅱ——解決策を考える』岩波新書。

池上彰編（2015）『日本の大課題 子どもの貧困』ちくま新書。

池上彰監修（2017）『シリーズ貧困を考える』稲葉茂勝著、ミネルヴァ書房。

岡田尊司（2016）『マインド・コントロール』増補改訂版、文春新書。

河上肇（2016）『現代語訳 貧乏物語』佐藤優訳・監修、講談社現代新書。

佐藤優（2014）『紳士協定——私のイギリス物語』新潮文庫。

鈴木大介（2016）『脳が壊れた』新潮新書。

山野良一（2008）『子どもの最貧国・日本——学力・心身・社会に及ぶ諸影響』光文社新書。

山野良一（2014）『子どもに貧困を押しつける国・日本』光文社新書。

第2章

大石孝雄（2013）『ネコの動物学』東京大学出版会。

小林雅一（2016）『ゲノム編集とは何か――「DNAのメス」クリスパーの衝撃』講談社現代新書。

鈴木大介（2014）『最貧困女子』幻冬舎新書。

竹中平蔵（2014）『経済古典は役に立つ』光文社新書。

橘玲（2016）『言ってはいけない　残酷すぎる真実』新潮新書。

ドーキンス、リチャード（1992）『利己的な遺伝子』紀伊國屋書店。

中室牧子（2015）『「学力」の経済学』ディスカヴァー・トゥエンティワン。

ヘックマン、ジェームズ・J（2015）『幼児教育の経済学』大竹文雄監修、古草秀子訳、東洋経済新報社。

第3章

グッドマン、ロジャー（2006）『日本の児童養護――児童養護学への招待』津崎哲雄訳、明石書店。

スタイン、マイク（2015）『英国のリービングケア制度と実践――社会的養護から旅立つ若者への自立支援』池上和子訳、福村出版。

テイラー、デビッド（2013）『トーキング・キュア――ライフステージの精神分析』木部則雄・長沼佐代子・浅沼由美子訳、金剛出版。

フーコー、ミシェル（1977）『監獄の誕生』田村俶訳、新潮社。

ブレイディみかこ（2017）『子どもたちの階級闘争――ブロークン・ブリテンの無料託児所から』みすず

書房。

第4章

井手英策・古市将人・宮﨑雅人（2016）『分断社会を終わらせる――「だれもが受益者」という財政戦略』筑摩選書。

鵜飼秀徳（2015）『寺院消滅――失われる「地方」と「宗教」』日経BP社。

柄谷行人（2017）『柄谷行人講演集成 1995-2015 思想的地震』ちくま学芸文庫。

辻村深月（2015）『朝が来る』文藝春秋。

ハーバーマス、ユルゲン（1985）『コミュニケーション的行為の理論』上・中・下巻、河上倫逸・藤沢賢一郎・丸山高司、未来社。

宮本太郎（2008）『福祉政治――日本の生活保障とデモクラシー』有斐閣。

宮本太郎（2009）『生活保障――排除しない社会へ』岩波新書。

ちくま新書
1333-5

格差《かくさ》社会《しゃかい》を生《い》き抜《ぬ》く読書《どくしょ》
（シリーズケアを考える）

二〇一八年一一月一〇日 第一刷発行

著者 佐藤優（さとう・まさる）／池上和子（いけがみ・かずこ）

発行者 喜入冬子

発行所 株式会社 筑摩書房
東京都台東区蔵前二-五-三 郵便番号一一一-八七五五
電話番号〇三-五六八七-二六〇一（代表）

装幀者 間村俊一

印刷・製本 株式会社 精興社

ISBN978-4-480-07179-8 C0200

601
法隆寺の謎を解く
武澤秀一
世界最古の木造建築物として有名な法隆寺は、創建・再建の動機を始め多くの謎に包まれている。その構造から古代史を読みとく、空間の出来事による「日本」発見。

859
倭人伝を読みなおす
森浩一
開けた都市、文字の使用、大陸の情勢に機敏に反応する外交。――古代史の一級資料「倭人伝」を正確に読みとき、当時の活気あふれる倭の姿を浮き彫りにする。

895
伊勢神宮の謎を解く
――アマテラスと天皇の「発明」
武澤秀一
伊勢神宮をめぐる最大の謎は、誕生にいたる壮大なプロセスにある。そこにはなぜ、二つの御神体が共存するのか？神社の起源にまで立ち返りあざやかに解き明かす。

1247
建築から見た日本古代史
武澤秀一
飛鳥寺、四天王寺、伊勢神宮などの古代建築群を手がかりに日本誕生に至る古代史を一望する。仏教公伝、皇祖神創造、生前退位は如何に三次元的に表現されたのか？

1192
神話で読みとく古代日本
――古事記・日本書紀・風土記
松本直樹
古事記、日本書紀、風土記という〈神話〉を丁寧に読みとくと、古代日本の国家の実像が見えてくる。精神史上の「日本」誕生を解明する、知的興奮に満ちた一冊。

1254
万葉集から古代を読みとく
上野誠
民俗学や考古学の視点も駆使しながら万葉集全体を解剖し、今につながる古代人の文化史、社会史をさぐる型破りの入門書。「表現して、残す」ことの原初性に迫る。

1330
神道入門
――民俗伝承学から日本文化を読む
新谷尚紀
神道とは何か。古代の神祇祭祀に仏教・陰陽道・道教など多様な霊験信仰を混淆しつつ、国家神道を経て今日の形に至るまで。その中核をなす伝承文化と変遷を解く。

ちくま新書

1113
日本の大課題 子どもの貧困
——社会的養護の現場から考える
池上彰編
格差が極まるいま、家庭で育つことができない子どもが増えている。児童養護施設の現場から、子どもの貧困についての実態をレポートし、課題と展望を明快にえがく。

1333-1
持続可能な医療【シリーズ ケアを考える】
——超高齢化時代の科学・公共性・死生観
広井良典
高齢化の進展にともない増加する医療費を、将来世代にこれ以上ツケ回しすべきではない。人口減少日本の最重要課題に挑むため、医療をひろく公共的に問いなおす。

1333-2
医療ケアを問いなおす【シリーズ ケアを考える】
——患者をトータルにみることの現象学
榊原哲也
そもそも病いを患うとは、病いを患う人をケアするとはどういうことなのか。患者と向き合い寄り添うために現象学という哲学の視点から医療ケアを問いなおす。

1333-3
社会保障入門【シリーズ ケアを考える】
伊藤周平
年金、医療、介護。複雑でわかりにくいのに、この先も不透明。そんな不安を解消すべく、ざっくりとその仕組みを教えます。さらには、労災・生活保障の解説あり。

1333-4
薬物依存症【シリーズ ケアを考える】
松本俊彦
さまざまな先入観をもって語られてきた「薬物依存症」。第一人者が、その誤解をとき、よりよい治療・回復支援方法を紹介。医療や社会のあるべき姿をも考察する一冊。

361
統合失調症
——精神分裂病を解く
森山公夫
精神分裂病の見方が大きく変わり名称も変わった。発病に至る経緯を解明し、心・身体・社会という統合的視点から、「治らない病」という既存の概念を解体する。

677
解離性障害
——「うしろに誰かいる」の精神病理
柴山雅俊
「うしろに誰かいる」という感覚を訴える人たちがいる。高じると自傷行為や自殺を図ったり、多重人格が発症することもある。昨今の解離の症状と治療を解説する。

ちくま新書

746
安全。でも、安心できない…
——信頼をめぐる心理学
中谷内一也
凶悪犯罪、自然災害、食品偽装……。現代社会に潜むリスクを「適切に怖がる」にはどうすべきか？　理性と感情のメカニズムをふまえて信頼のマネジメントを提示する。

772
学歴分断社会
吉川徹
格差問題を生む主たる原因は学歴にある。そして今、日本社会は大卒か非大卒かに分断されてきた。そのメカニズムを解明し、問題点を指摘し、今後を展望する。

787
日本の殺人
河合幹雄
殺人者は、なぜ、どのように犯行におよんだのか。彼らにはどんな刑罰が与えられ、出所後はどう生活しているか……。仔細な検証から見えた人殺したちの実像とは。

800
コミュニティを問いなおす
——つながり・都市・日本社会の未来
広井良典
高度成長を支えた古い共同体が崩れ、個人の社会的孤立が深刻化する日本。人々の「つながり」をいかに築き直すかが最大の課題だ。幸福な生の基盤を根っこから問う。

809
ドキュメント　高校中退
——いま、貧困がうまれる場所
青砥恭
高校を中退し、アルバイトすらできない貧困状態へと落ちていく。もはやそれは教育問題ではなく、社会を揺るがす問題である。知られざる高校中退の実態に迫る。

883
ルポ　若者ホームレス
飯島裕子
ビッグイシュー基金
近年、貧困が若者を襲い、20～30代のホームレスが激増している。彼らはなぜ路上暮らしへ追い込まれたのか。貧困が再生産される社会構造をあぶりだすルポ。

1029
ルポ　虐待
——大阪二児置き去り死事件
杉山春
なぜ二人の幼児は餓死しなければならなかったのか？　現代の奈落に落ちた母子の人生を追い、女性の貧困を問うルポルタージュ。信田さよ子氏、國分功一郎氏推薦。